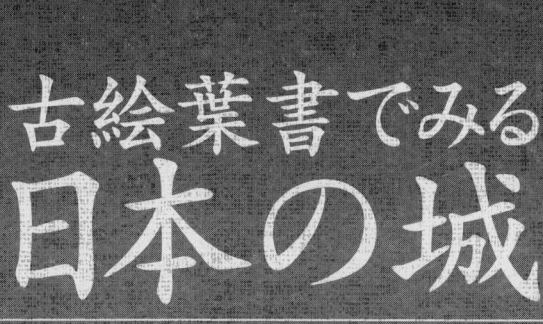

古絵葉書でみる
日本の城

西ヶ谷恭弘【監修】 後藤仁公【編】

東京堂出版

彩色絵葉書

信州松本城　A Castle Matsumoto at shinshu.　　　　　　　　　　　　　　　　　　　　　◉明治後期

信州松本城と記載されているが、**讃岐高松城烏櫓の写真**。烏櫓の写真は明治時代の写真帖本にも載っており、明治後期までは現存していたと思われる。右下にトンボのマークが見える。横浜伊勢佐木町"とんぼや"製（裏面に英文で記載）。

福岡舊城之景　The kiujonokei of Fukuoka.　　　　　　　　　　　　　　　　　　　　　　◉明治後期

福岡城松ノ木坂御門附近。屏風櫓が写っているが、左側に続いている塀は明治初期頃の写真では櫓になっていた。改造されているようである。この櫓は現在では残っていない。手彩色は雑で丁寧さが感じられない。

彩色絵葉書

（名古屋百景）名古屋城　Castle of Nagoya.　　　　　　　　　　　◉明治後期
　　大天守東面と本丸北側多聞。北側多聞が写っており、明治24年濃尾大地震以前の古写真を絵葉書にし、手彩色したものと思われる。

名古屋城　The Nagoya Castle　　　　　　　　　　　◉明治43年7月29日の消印
　　大天守西北面、右に小天守、左に北側多聞が写っている。上の絵葉書と同様、明治24年濃尾大地震以前の古写真を絵葉書にし、手彩色したものと思われる。右下にトンボマーク。とんぼや製。

彩色絵葉書

（名古屋百景）名古屋城　Castle at Nagoya.　　　　　　●明治43年8月23日の消印
　西の丸二の門附近より本丸を見る。左から大天守、小天守、右端が本丸未申櫓。前ページ上の写真と同様のマークが右下にあり、No.も左下に記載されているが裏の宛名面の形式は異なっている。

名古屋城　A Castle at Nagoya.　　　　　　●明治41年1月14日の消印
　西側堀より本丸を望む。中央に大天守、右に小天守。手前左側の石垣は御深井丸、右側は西の丸。消印は英文字になっており、14.1.08と打たれているので、右から読み08は1908年つまり明治41年である。

彩色絵葉書

（名古屋百景）名古屋城　Castle at Nagoya.　　　　●明治後期
西側堀より、手前御深井丸、奥が本丸。中央に大天守、右に小天守。同様にマークが右下、No.が左下に記載されている。

名古屋金城（離宮）　　　　●明治後期
本丸内の状況。大天守、小天守、手前には本丸御殿の一部が見える。左端に北側多聞の一部が写っており、この絵葉書も明治前期頃の古写真を複写したものと思われる。左右が逆になっており名古屋城の絵葉書ではよく見かけられる。

彩色絵葉書

大阪城　Osaka Castle.　　　　　　　　　　　　　　　　　　　●明治後期

　大坂城。右手前から西の丸乾櫓、奥に京橋門、左端が伏見櫓。京橋口門と伏見櫓は昭和20年に戦災で焼失したが、乾櫓は現存している。

日本名所　大坂城　　　　　　　　　　　　　　　　　　　　　●明治後期

　右手前が京橋口門、左奥に伏見櫓が見える。大阪の阪が本来の坂と記載されている。宛名面に横線がなく、通信文の記載が認められていなかった明治40年3月以前の絵葉書と思われる。

彩色絵葉書

(大阪名勝）京橋口ヨリ大阪城ヲ望ム　Osaka castle seen from Kyobashiguchi.
●明治後期

右：京橋門と左：伏見櫓遠景。右下にトンボのマークがあるが、発行会社名は記載されていない。

（大阪名勝）大阪城　A Castle at Osaka.　●明治44年5月30日の消印

左手前が西の丸坤櫓（戦災焼失）、奥に千貫櫓と大手門が見える。右下にトンボマーク。とんぼや製。

彩色絵葉書

（大阪名勝）大阪城　A Castle at Osaka.　　　　　　　　　　　●明治後期
　大手門と多聞櫓、左に千貫櫓。共に現存しており、国の重要文化財に指定されている。右下にトンボのマーク。発行会社記載なし。

（大阪名所）大坂城　The Castle.Osaka.　　　　　　　　　　　●明治後期
　南側より二の丸、西の丸を望む。左奥に坤櫓、手前に大手門、右側の木に隠れている建物は六番櫓（現存）。手前に多くのの人々が休息しているようであるが、軍人さん達であろうか。

彩色絵葉書

Osaka Castle ●明治後期

　大坂城。二の丸南側を堀の外やや西側からみる。中央に三番櫓、右端に二番櫓。両櫓共、戦災で焼失している。右上に消印の一部がみえるが切手が剥がれており内容がわからない。

（大阪名勝）大阪城　A Castle at Osaka. ●明治後期

　二の丸南側を堀の外やや東側からみる。手前右端が二番櫓、その左に三番櫓、左端に一部がみえているのは六番櫓。六番櫓のみ現存している。右下にトンボのマーク。発行会社記載なし。

彩色絵葉書

姫路白鷺城　Hirasagi Castle,Himeji　　●明治後期〜大正初期
　南東側より本丸をみる。大天守の右下に帯の櫓、左下に太鼓櫓、中央下に樹木に隠れているが帯郭櫓がわずかにみえる。

姫路白鷺城　Hirasagi Castle, Himeji　　●明治後期〜大正初期
　東北側より天守遠望。大天守下中央に「への渡櫓」、右に「ホの渡櫓」、二層が「ホの櫓」。全て現存建物である。

彩色絵葉書

肥後熊本城　Kumamoto Castle.Higo.　　●明治後期〜大正初期
　肥後熊本城と記載されているが、**信州松本城の写真**。当時の絵葉書や写真ではときどきこんな間違いをみかける。本丸外濠よりみた松本城天守北面、手前は乾小天守。

信州松本城　Matsumoto Castle.Shinshu.　　●明治後期〜大正初期
　天守南西面、左に乾小天守、右に辰巳付櫓、月見櫓。外部の壁や軒裏の漆喰が各所で剥がれており、かなり傷みがひどいことがわかる。現存しており姫路・彦根・犬山城の天守と共に国宝に指定されている。

彦根城 Hikone Castle, Hikone.

天守南面、現存し国宝に指定されている。三層天守であるが、千鳥破風・切妻破風・唐破風や華燈窓・高欄などを備えた見事な意匠の複合式天守である。

●明治後期～大正初期

近江　膳所の城趾　Castle of Jeje at Ōmi.

●明治後期

琵琶湖と膳所城址。中央の二層櫓は明治初期に旅館坂本屋が買収し移築・改造し使用していた。本丸東面の櫓といわれている。今は再移築され芭蕉会館となっている。"とんぼや"製。

彩色絵葉書

（京都名勝）二條の城　Castle of Nijyo,Kyoto.　　　●明治後期

　東南側より二の丸をみる。　左に東南櫓、右に東大手門。共に現存している。手前は堀川、堀川通に写っている人々の衣装は着物姿である。右下にトンボのマーク。

美濃國大垣城　Ogaki Castle,Mino　　　●明治後期〜大正初期

　天守西南面と付櫓。大垣城の天守は昭和20年の空襲により焼失したが現在はコンクリートで外観復元されている。

備後國福山城址　Fukuyama Castle,Bingo.　●明治後期～大正初期
東南側からみた天守と付櫓。下段には櫓風の建物と塀が写っているが、詳細は不明。天守は昭和20年の戦災で焼失し、現在は外観復元された天守が建っている。

備前　岡山城　Okayama Frtification of BIZEN.　●明治後期～大正初期
旭川に沿って天守西北面をみる。天守右に接続しているのは塩蔵。昭和20年に戦災により焼失した。現在は外観復元されている。

彩色絵葉書

東京櫻田門　Sakuradamon,Tokyo.　　　　●明治後期〜大正初期
江戸城桜田門を外側からみる。

東京和田倉門　Wadakuramon,Tokyo.　　　　●明治40年の消印
江戸城和田倉門を外側よりみる。現在建物はないが、高麗門は半蔵門跡に移築されている。右下に13-4-08と記載されており1908年は明治41年になるので消印と1年のずれがある。

（東京名所）大手門　The Ote Gate（Tokyo）　　　　　　　　　　●明治後期～大正初期
　江戸城三の丸大手門を外側よりみる。高麗門は現存しており、櫓門は戦災で焼失したが、現在
は復元されている。右下につばめのマーク、宛名面に東京芝萬集堂製と記載されている。

（東京名所）和田倉門　Wadakuramon at Tokyo　　　　　　　　　●明治後期～大正初期
　和田倉門と記載されているが、塀の形状や橋の位置から**平河門**である。同様の絵葉書で皇居清
水門と記されたものもある。現在のように情報が多くない時代のためか、よく誤った記載をみ
かける。

彩色絵葉書

（東京名所）馬場先御門　BABASAKI GATE,TOKYO　　　●明治後期〜大正初期

江戸城　西の丸下曲輪にあった馬場先門。現在は門も橋も残っていない。

（東京名所）御濱離宮　IMPERIAL PALACE OF OHAMA TOKYO.　　　●明治後期〜大正初期

江戸城の出城浜御殿の大手門。大正12年の関東大震災で崩壊した。

◎監修の辞

　明治6年（1873）1月〈旧暦明治5年12月に相当〉、明治新政府は旧暦の前年7月の廃藩置県に伴い、藩政庁が置かれていた城郭のすべての機能を廃止させる「太政官府令」を発した。明治の廃城令といわれる「城郭存廃決定」がこれである。

　江戸時代、日本の城郭には、大名の居城が置かれ、慶応3年（1867）10月以降は藩が置かれていた。明治6年以降、城地は払い下げられ、役所・学校・陸軍用地などとなり、城郭建築は破壊か入札され解体された。入札され落札されたが、解体費用が嵩むため放置され、自然崩壊が進んだ姫路城のような例もあった。城は九割以上を占める日本の封建都市の核であり、シンボルだった。

　明治新政府の廃城・破却令に反発し、町のシンボルである城の一部、「せめて天守だけは残したい」という地元の熱意から会津若松・松本・松江・彦根・福山・岡山・広島の各地天守などが残った。こうして多くの場合、天守とそのほか一部の建物しか残らなくなった。多くの地方都市の写真館や開国で日本を訪れた外国人により、当時普及され始めた銀板写真技術によって、破壊寸前の城郭の風景を後世に残すため、多くの城郭で、入札取壊前の城郭風景が撮影された。中には取壊中にあわてて撮影された写真が多く含まれる（小田原城、富山城、上田城など）。

　従って、明治初年に撮影された写真は、慶応3年以降、十分な保存修理を行わず、放置され、また明治6年の廃城決定後の放置によってすっかり荒れ果てた風景の城が撮られているケースが多い。

　日本国内で絵葉書として城郭風景が印刷され出回るようになったのは、明治27年8月の日清戦争前後のことのようだ。地方都市が独自の郷土を代表する風景として、かつてのシンボルであった城郭を「郷土を代表する史跡・文化財」として見直そうとする気概が、そこに感じられる。幕藩体制の象徴だった城郭を明治政府は「脱亜入欧」政策の一環として破壊されてしまった政策に対する地方都市の中央政府へ対する反発と廃藩置県後に失われていた郷土愛という観念の発露であろう。

　本書を監修して驚かされたのは、明治中頃以降からの絵葉書が百数城を数える単位で発行されていた事実である。いかに日本人の感性の中に城のある風景が、大きい位置を占めていたかを窺え知れた。それと従来、一城を代表する「天守」と呼ばれる建築が、「天守閣」と「閣」の字が付されて呼ばれるのは、明治44年に模擬復興する岐阜城の天守閣からだといわれてきた。天守閣と呼びならわされるのは岐阜城につづいて昭和7年（1932）に建てられた大阪城天守閣だとのいわれてきた。ところが本書をみると明らかに明治後期、おそらくは岐阜城模擬復興天守出現時には天守閣という呼び名が全国に定着しつつあった、ということが明らかになった。

かつて私は大類伸・鳥羽正雄・城戸久の三博士から、また元陸軍築城本部で蒐集した古写真を故中山光久大佐からいただき、自ら蒐集した古写真とともに『日本城郭古写真集成』（昭和58年、小学館刊）を著し、さらに日本城郭史学会の会員各位に呼びかけ『城郭古写真資料集成』（全二巻、平成7年、理工学社刊）、古写真と現状写真を組み合わせた『古写真で蘇る日本の名城』（全二巻、平成20年、JTBパブリッシング刊）を著している。これらの著作に収録された古写真と本書収録の古絵葉書の写真はほとんど重なっていない。本書が城郭史研究のみならず、地方史と土木・建築・文化史の各研究に益する処は甚大であるといわざるを得ない。

　編著者の後藤氏は、これら古絵葉書を一級建築士として熊本城の古建築の修復と一連の復元工事に従事しながら蒐集した。各古絵葉書に適切な解説を加えて、日本の城郭美と旧状を解明された。その御苦労は、本書刊行を機に報われることであると確信する。同時に今後さらなる後藤氏の調査・研究の御研鑽を記念する次第である。

西ヶ谷　恭弘

◎はじめに

　日本で本格的に絵葉書が使用されるようになったのは明治33年頃からのようである。その後、日露戦争戦役記念絵葉書や、各地の名所・美人物絵葉書が流行していった。お城関係の絵葉書も、お城のみというものはかぎられており、そのほとんどが各地の名所や町並み絵葉書の中に1～2枚入っているものであった。お城専門のものでは、大阪城・名古屋城・姫路城・松山城・熊本城等があり、そのほかに全国の城をセットにしたものに日本古城集やThe Formerly Castle in Japanが蒐集葉書の中に入っている。

　今回、本書に収録した絵葉書は明治後期から昭和戦前にかけてのものであり、現在では残存していない建物や石垣等もみられる。特に昭和二十年の第二次世界大戦で焼失した城郭は多く、その在りし日の姿が　この絵葉書写真に克明に写されていることがわかる。戦時中に天守や櫓などが焼失した城郭として、水戸城・大垣城・名古屋城・和歌山城・岡山城・広島城・福山城・福岡城・首里城等があるが、これらの城の焼失前の姿がはっきりと写されている。また戦後に焼失した、北海道松前城天守や伊予松山城の小天守の姿も古絵葉書には写されている。その他に明治初期頃に撮影された古写真を絵葉書にしたものもみられる。熊本城・萩城・古河城・松江城・小田原城・新発田城などである。これら明治から昭和戦前にかけて発行された絵葉書も当初はカラー印刷ではなかったため一枚一枚に筆で色付けを行う手彩色のものもあった。本書ではそれを巻頭に収録した。

　絵葉書の発行年代を判別するには、まず裏面にスタンプ印があれば日付がわかるのですぐ判別できる。スタンプ印がない絵葉書では紙質の状態や写真の状態である程度の判断はできるが、わかりやすい方法としては　裏面の状態を確認していただくのが一番的確なようである。裏面には当初は宛先と差出人のみを記入するだけであったが、明治40年から下1/3が通信文用のスペースとなり、ついで大正7年から1/2に広がっていった。つまり通信文のスペースがないものは明治40年以前の絵葉書で、1/3以内のものは大正7年以前の絵葉書であると判断できる。

　また、本書には、筆者所蔵の古写真も収録した。古絵葉書の画像も古写真の一種であると考えているが、明治期の観光案内写真帖の中にも数枚程度、お城の写真が掲載されている。大半はよくお目にかかる写真であるが、まれに珍しいものを見かけるときがある。掲載した高松城烏櫓の写真や広島城の小天守が写っているものである。現在では、烏櫓はネット上で紹介されており、広島城も数年前に出版された本の中に掲載されているので、あまり感動はないかもしれないが、最初に発見したときは大変感激したものであった。ここでは私が蒐集したものより、明治～大正期に発行された写真帖や、鶏卵紙を厚紙に貼り付けたものの中から珍しい写真を選んで掲載した。厚紙に貼られた写真に

絵葉書の裏（宛名）面

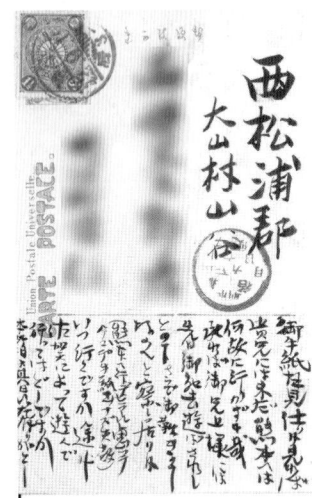
明治42年9月 消印

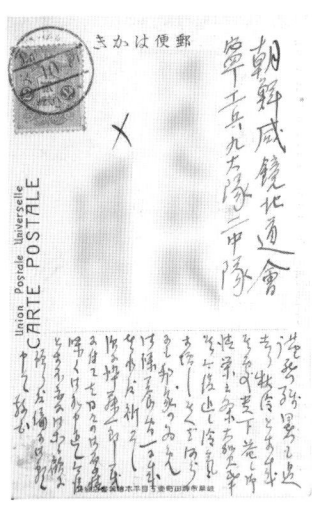
大正3年10月 消印

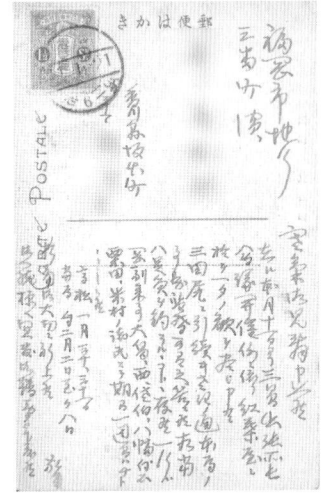
昭和11年の消印
通信文のスペースが大きくなっている

　は、大判タイプのものから中判・小判タイプなど様々なものがあるが、ここでは小判タイプのものを主に掲載した。また立体写真（ステレオ写真・双眼写真）も1枚所持していたので採用した。

　立体写真とは、ほぼ同じ位置から撮影した写真を2枚横に並べ、専用の眼鏡をつけて覗くと2枚の写真が一つの立体画像として浮かびあがってくるというものである。、ここに掲載された写真はともに古いものであり、長い年月の経過により変色や写りがはっきりしないものもあるが、出来る限り鮮明なものを選んだつもりである。

　本書に収録された絵葉書は私が昭和50年頃から現在に亘って蒐集してきたものである。その中には昭和52年に福岡市内の百貨店で開催された古書市で発見し、当時の地元新聞にも載った福岡城武具櫓の写真や、新発見の福岡城松の木坂御門向（屏風）櫓の写真、そして手彩色の絵葉書についても珍しいものを選んで収録した。

　なお本書を刊行するに当たり、日本城郭史学会の西ヶ谷恭弘代表に監修をしていただき大変お世話になった。この場をかりてお礼を申し上げる。

　　　　　　　　　　　　　　　　　　　　　　　　　　　　　後藤　仁公

●古絵葉書に見る日本の城　目次

口絵　彩色絵葉書

監修の言葉……………………………………………… 西ヶ谷　恭弘
はじめに

北海道・東北の城

五稜郭	2	弁天岬台場	4
松前城	5	弘前城	8
盛岡城	11	仙台城	13
涌谷要害	17	久保田城	18
山形城	19	新庄城	20
出羽松山城	22	鶴ヶ岡城	23
二本松城	24	白河小峰城	25
会津若松城	28		

関東の城

水戸城	32	土浦城	36
宇都宮城	39	前橋城	40
高崎城	41	川越城	42
佐倉城	44	江戸城	45
浜御殿	49	小田原城	51

古写真に見る城郭①　　54

北陸・甲信越の城

新発田城	56	村上城	59
富山城	61	高岡城	63
金沢城	65	小松城	67

大聖寺城	68	福井城	69
丸岡城	72	小浜城	74
甲府城	76	松代城	79
松本城	81	上田城	83
小諸城	86	龍岡城	87
飯山城	88		

古写真に見る城郭②　　90

東海の城

駿府城	92	掛川城	95
名古屋城	98	犬山城	104
岡崎城	106	吉田城	108
岐阜城	110	大垣城	112
津城	115	伊賀上野城	117
伊勢亀山城	120	桑名城	122

古写真に見る城郭③　　124

近畿の城

彦根城	126	膳所城	132
二条城	134	淀城	136
園部陣屋	138	岸和田城	140
大坂城	142	姫路城	149
明石城	152	赤穂城	155
篠山城	156	但馬竹田城	158
出石城	160	高取城	161
大和郡山城	164	和歌山城	166

中国の城

鳥取城	172	松江城	174
岡山城	176	津山城	180
備中松山城	183	広島城	185
福山城	189	萩城	196

古写真に見る城郭④　　198

四国の城

徳島城	200	高松城	203
丸亀城	208	伊予松山城	211
西条陣屋	220	今治城	221
大洲城	222	宇和島城	225
高知城	228		

九州・沖縄の城

福岡城	232	小倉城	235
久留米城	238	柳川城	241
佐賀城	243	唐津城	245
福江城	247	府中城	249
島原城	251	熊本城	253
八代城	257	人吉城	258
富岡城	260	府内城	261
岡城	265	臼杵城	267
佐伯城	269	鹿児島城	271
首里城	273		

おわりに
参考文献・協力者

◎凡例

1．本書は、『古絵葉書からみた日本の城』として、明治時代から昭和20年代以前に刊行された絵葉書を採録した。
1．本書に掲載した絵葉書および古写真は、明示のないものについては、すべて後藤仁公所蔵のものである。
1．収録は北海道から沖縄県までを県別に収録した。
1．収録した絵葉書については、原版のサイズのまま掲載した。
1．絵葉書のタイトルは絵葉書に記載されているものを採用した。
1．収録した絵葉書の年代は、絵葉書の形状、消印、内容などから推定した。
1．各城郭に、城郭の歴史・所在地・現状などを記載した。
　　城郭データは以下のとおりである。
　　　■1　城郭の別名
　　　■2　築城年
　　　■3　築城者
　　　■4　現在残されている遺構
　　　■5　整備状況
　　　■6　見学の際のおもな交通手段
　　なお、ここに掲載したデータは、2009年6月現在のものである。
　　城郭データに掲載した写真はすべて西ケ谷恭弘が撮影したものである。

北海道・東北の城

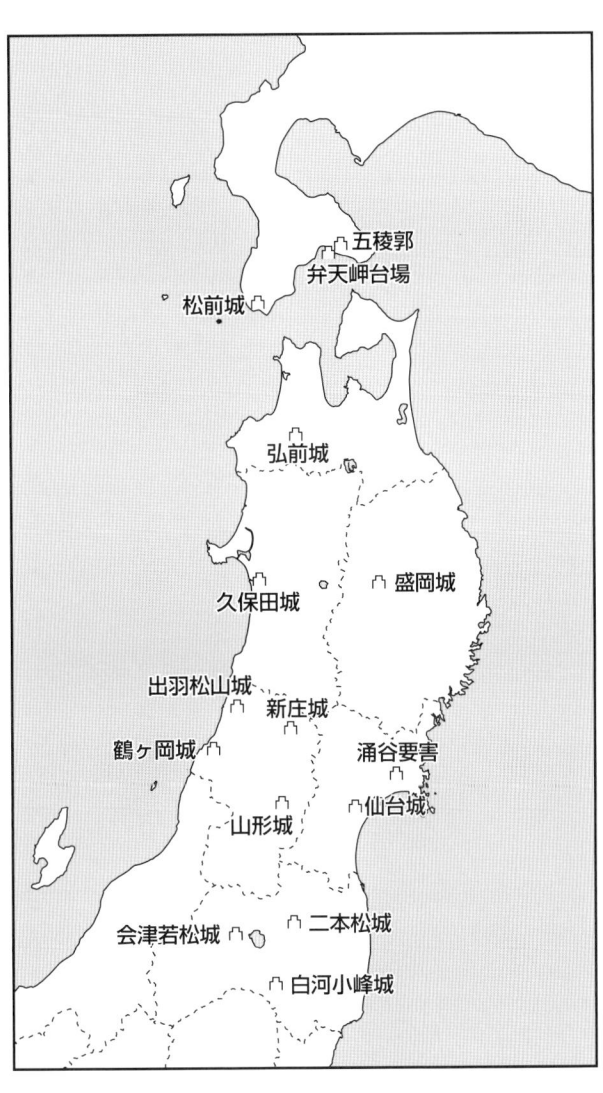

五稜郭

北海道函館市五稜郭町

五稜郭大手口

1. 箱館奉行所
2. 安政4年（1857）着工
3. 徳川幕府
4. 石垣・水堀
5. ―
6. JR函館駅から市電もしくはバス

　星形の城・五稜郭は、幕府が蝦夷地とした旧渡島（北海道）の開発と、ロシアの侵略に備えるため築いた城郭である。築城は箱館奉行所の所在地として安政4年から着工した。
　幕府は蘭学者武田斐三郎に命じて、奉行所を中心とした城塞都市建設を行うこととした。斐三郎は、パリをモデルに、稜堡式と呼ばれた大砲攻撃と防備を主眼とした鋭角三角型を組みあわせた城郭プラン、すなわち星形の拠点城郭を柱に、その周囲に砲座を並べた台場築城を海にむかって築いた。今日も部分的に見られる函館の海岸に残る山背、立待、矢不来などの台場と五稜郭である。一応の完成は8ヵ年を要したが、出来上がった五稜郭にはあってはならない望楼や石垣が高くあがった。望楼は砲撃の目標になり、石垣は砲弾を弾いてしまう欠点があった。稜堡は土塁の方が強かった。
　明治元年、蝦夷共和国樹立を宣言した榎本武揚ら旧幕府軍が籠城。明治政府軍と苛烈な戦闘を繰り広げたのである。

（函館要塞司令部許可）　古戦場函館五稜郭公園　（1）　●昭和初期

西側より、南側に位置する大手虎口の2ヶ所の橋をみる。右が半月堡。下に通し番が記されておりセット物であった。

（函館要塞司令部許可）　古戦場函館五稜郭公園　（8）　　●昭和初期
城内の北西側より南側に位置する半月堡を望む。

（函館要塞司令部許可）　古戦場函館五稜郭公園　（3）　　●昭和初期
西側より北虎口の橋を望む。

弁天岬砲台

北海道函館市入舟町

弁天岬砲台遠望

1. 弁天台場、弁天砲台
2. 安政3年（1856）
3. 江戸幕府
4. なし
5. 碑のみ
6. JR函館駅から市電

　安政3年（1856）、ロシア船襲来に備えた箱館防衛のため、幕府が五稜郭とともに築造。これら両所の設計には武田斐三郎があたった。斐三郎は緒方洪庵の適塾で学び、洪庵の紹介で佐久間象山にも師事している。翻訳方として、プチャーチンとの交渉の場にも臨む。西洋の技術や兵学に長けた斐三郎の意匠による弁天岬台場は、周囲700メートルに及ぶホームベース型であった。当初、箱館の近郊にて大砲を鋳造し配備する予定であったが頓挫。ロシア船ディアナ号が伊豆の戸田沖で沈没した際、プチャーチンが幕府に献上した大砲のうち24挺がこの地に送られている。箱館戦争の際、旧幕府軍がこの台場に楯籠るが、明治2年（1869）に新政府軍に降伏する。明治二十九年より港湾改良工事のため埋め立てが開始され、遺構は残されていない。石垣の一部が函館漁港岸壁と函館港改良工事記念碑に流用されているのみである。

舊辨天砲臺　　　　　　　　　　　　　　●昭和十年四月二日の記載

弁天岬台場遠景。箱館湾の中に突き出して築かれていたが、現在は周囲も埋め立てられている。上の掲載写真と同位置からの撮影。

松前城

北海道松前郡松前町字松城

松前城天守（外観復元）と本丸御門

1. 福山城・福山舘
2. 安政元年（1854）
3. 松前崇広
4. 本丸御門、御殿玄関、石垣、堀、土塁
5. 国指定史跡（福山城）、重要文化財（本丸御門）、復元天守、松前公園
6. JR木古内駅からバスで1時間30分

　嘉永2年（1849）、幕府は松前崇広に対し、異国船に向けた海防のための築城を許可。ロシア船が蝦夷地の近海へ頻繁に出没、脅威を覚えたためである。築城にあたっては、長沼流の兵学者である高崎藩家臣市川一学が縄張りを担当。それまでの松前氏居館であった福山舘を拡張し、十万両を超える巨費を投じて、安政元年（1854）、松前城は完成。我が国最後の和式築城となった。天守建築を有しつつ、南の三の丸には海側へ七基の砲台を連ね、さらに周囲へ九基の台場を備えた西洋流築城の剛直な側面もみせる。丹念に加工された切石積みによる石垣には、戊辰戦争時に榎本武揚や土方歳三ら率いる旧幕府軍より撃ち込まれた砲弾跡が痛々しく残る。明治の世を迎えても残存していた天守も昭和24年に焼失し、現在あるものはのちに復元したコンクリート建築である。本丸御門と本丸御殿玄関、そして見事な石垣群が往時を今に伝えている。

（北海道）福山市街の一部　　　　　●明治後期頃

松前城遠景、中央部に樹木に隠れて天守の上部がみえる。

福山新風景〔春〕
夕焼の松前城

福山新風景〔春〕夕焼の松前城　●昭和初期
天守東面、一階には入口がついている。左奥に本丸御門がみえる。記載文字が左から書かれているが裏の宛名面は〝きかは便郵〟と右から記載されている。

（山福）　　　　　　　松前舊城の一部

（福山）松前舊城の一部　●明治後期頃
三重の天守と本丸御門。天守は昭和24年に焼失したが、本丸御門は現存している。

(福山) 公園境内　　　　　　　　　　　　　　　　　　　●明治後期頃

松前城本丸内より天守北面をみる。

(福山) 松城小学校　　　　　　　　　　　　　　　　　　●明治後期頃

松城小学校の玄関に使用されていた頃の松前城本丸御殿玄関。現在、小学校は城外へ移転され、この玄関部分は移築保存されている。

弘前城

青森県弘前市下白銀町

弘前城御三階櫓

1　鷹岡城、高岡城
2　慶長16年（1611）
3　津軽為信・信枚
4　天守、櫓、門、石垣、土塁、堀
5　二の丸東門与力番所
6　JR弘前駅からバス

弘前城は東北地方で唯一天守建築を残す城である。

弘前城は、岩木川東岸の丘上に築かれた平山城で、三重の堀をめぐらし、北・東・南の三方を四つの曲輪で囲み、西方を水域で守る輪郭式縄張りの城郭である。本丸の東南隅に天守に相当する御三階櫓が現存する。当初、天守は五層であったが、寛永4年（1627）の落雷により焼失。現存する御三階櫓は、文化7年（1810）に隅櫓を改造し、造営された。

初代弘前城主、津軽為信は、南部氏の出といわれ、南部氏の支配下にあった。戦国末期に津軽を攻略し、南部氏から独立。秀吉の小田原攻めに参戦し、津軽領を安堵された。その後、慶長15年（1610）から為信の嫡男信枚によって弘前城は築城された。津軽氏は、幕府との関係も円滑で、改易もなく明治を迎える。明治の廃城令による破壊も免がれ、往時の姿をよく留めている。

（日本古城集ノ内）　弘前城　HIROSAKI CASTLE.　　●明治後期〜大正初期

本丸東南面をみる。手前に下乗橋。天守（御三階櫓）の位置が本来の位置と違っている。この本には収録していないが、天守が本丸南側虎口附近に建っている写真があるので、曳き屋されていたようである。

弘前公園ノ景　The Former Hirosaki Castle.　　●明治後期〜大正初期

本丸と天守（御三階櫓）を東側よりみる。天守は本丸虎口付近に移動されている。樹木ではっきりしないが、左下部に本来の天守が載っていた部分の石垣が写っている。崩壊しているため、一時期曳き屋されていたようである。

弘前陸軍兵器支廠及廓ノ景　A miritary camp.Hirosaki.　　●大正6年1月3日の消印

銃眼の位置や櫓台石垣の形状から判断すると、二の丸辰巳櫓ではないかと思われる。陸軍に使用されていたため、軍人の姿がみえる。

（弘前名所）鷹揚園ノ櫻　The Chrry·Blossoms of Hoyoen, Hirosaki.　●大正初期頃
左側に見えるのは、堀の位置と櫓の向きを考えると、二の丸丑寅櫓ではないかと思われる。

（弘前公園）鷹揚園追手門　　　　　　　　　　　　　　　　　　　　　●大正初期頃
三の丸南側に位置する追手門、東南面をみる。屋根庇を付けた出格子が弘前城の櫓・門の特徴である。

盛岡城

岩手県盛岡市内丸

盛岡城本丸石垣

1. 不来方城
2. 慶長2年（1597）
3. 南部信直
4. 石垣、堀、土塁
5. 国指定史跡、盛岡城跡公園（岩手公園と称す）
6. JR盛岡駅からバス10分

　盛岡城は北上川と中津川の合流点に存する丘陵に築かれている。流路が現在とは異なるが、正保元年（1644）作画の正保城絵図は、この両川が天然の水堀とする縄張りだったことを物語る。五街道のひとつ奥州道中と北上川水運の交点をなした交通の要衝に、城下町が広がっていたこともこの城絵図から窺える。南部氏が三戸、九戸に続く新たな本拠にと、不来方城改修の鍬入れを行ったのが慶長2年（1597）年。全城が完成したのは寛永10年（1633）。着工時の信直より数え三代目となる重直の時代となっていた。本丸には御三階櫓があげられていたが、寛永13年（1636）に焼失、再建されたのは延宝元年（1673）。正保城絵図に描かれていないのはこのためだ。盛る岡であれと祈念し、二代利直の時代に、不来方から盛岡へと地名も改めた。東北地方では希少な総石垣の城郭であり、現在も美しく残る石垣群が誇らしげである。

（岩手公園）舊中の丸ヨリ本丸の全景　●昭和戦前

盛岡城東北側より、右手前二の丸の石垣、中央奥に本丸の石垣をみる。

（盛岡名所）舊城跡　A RUINS OF A CASTLE AT MORIOKA.　　●明治43年の消印
盛岡城西側より二の丸の高石垣をみる。見事な石積が続いている。

巖手公園　二ノ丸ト渡雲橋（盛岡）　　●昭和戦前
二の丸から本丸をみる。二の丸から本丸へ渡る橋がみえるが盛時は廊下橋が架かっていた。

仙台城

宮城県仙台市青葉区青葉山

仙台城大手門跡の隅櫓（復興）と土塀

1. 青葉城
2. 慶長6年（1601）
3. 伊達政宗
4. 石垣・堀・多聞塀
5. 隅櫓（復興）
6. JR仙台駅からバスで20分

仙台城は別名青葉城とも呼ばれるように広瀬川西岸に広がる青葉山丘陵の東端段丘上に築かれた平山城である。城は、本丸、二の丸、三の丸からなる階郭式縄張となっている。山麓部の二の丸北西部と三の丸には内堀が廻らされるが、仙台城は山城的性格が強いため、巧妙な水堀のプランは見られない。仙台城は、天守台が構築されたが、天守は建てられなかった。これは、徳川家に対する政宗の配慮からだといわれている。

慶長5年（1600）関ヶ原の合戦後、政宗は旧領刈田郡が家康から加増され、伊達家62万石の版図がほぼ定まった。政宗は新居築城を家康に願い出て、仙台城の築城を始めた。政宗の代には本丸のみの築城にとどまった。伊達家二代目忠宗は、寛永15年（1638）幕府の許可を得て、二の丸、三の丸を造営する。四代綱村の代までには、二の丸・三の丸の東側が広瀬川の岸まで整備され、伊達家代々の居城として明治に至った。

（仙臺）第二師團司令部前通り　View of Sendai　●明治44年4月11日の消印

二の丸大手門脇の隅櫓を北側よりみる。前面の道路には兵隊が歩いている様子もみられる。

（仙臺）　大橋　View of Sendai　　　　　　　　　　　　　　　●明治後期〜大正初期
広瀬川に架かる大橋。右側に大手門と隅櫓の一部みえる。左側にみえる建物は大正 9 年まで残っていた寅の門と思われる。

大橋より青葉城を望む　(仙臺)　　　　　　　　　　　　　　　　　　●昭和戦前
大橋より大手門と隅櫓をみる。馬に乗った兵隊や子供の姿がみえる。

（國寶舊仙臺城）五色沼ヨリ大手門ヲ望ム THE XCELLENT SENERY SITE OF SENDAI CASTLE THE BEAUTIFUL VIEW OF SENDAI ●昭和戦前

五色沼より大手門と隅櫓東面をみる。

〔仙臺〕仙臺城の往昔を偲ぶ大手門〔特別保護建造物〕　　　●昭和戦前

大手門と隅櫓を北東側よりみる。昭和6年に旧国宝に指定されたが、昭和20年に戦災で焼失した。

（國寶舊仙臺城）士番所　THE EXCELLENT SENERY SITE OF SENDAI CASTLE
THE BEAUTIFUL VIEW OF SENDAI　　　　　　　　　　　　　　●昭和戦前
　　大手門と隅櫓西南面を城内側よりみる。大手門の外部は真壁造りで、2階部分の窓は華頭窓になっている。

（仙臺名蹟）青葉城大手門士番所　　　　　　　　　　　　　　●昭和戦前
　　大手隅櫓南面、左端に大手門の一部がみえる。両建物とも戦災で焼失したが隅櫓のみ模擬復興されている。

涌谷要害

宮城県遠田郡涌谷町涌谷

涌谷要害隅櫓

1. 涌谷城
2. 室町時代
3. 涌谷氏
4. 石垣・堀・隅櫓（太鼓堂）
5. 天守風資料館（模擬）
6. JR涌谷駅から徒歩20分

　涌谷城は、大崎領と葛西領が接する地域である。江合川東岸にそって細長く延びる丘陵上に位置する平山城である。城の構成は、丘陵頂部の下段を本丸とし、南に一曲輪、東に二曲輪を配し、外側を水堀により囲んでいる。一曲輪の外周は、堀が廻らされていた。現存する太鼓堂周辺には石垣が構築されていた。天守などは建てられず、伊達氏の居館も平屋であった。

　涌谷城は、室町・戦国期、大崎氏に仕えていた涌谷氏の居城であった。その築城年代は詳らかではない。天正18年（1590）秀吉の奥州仕置により、大崎領は没収され、涌谷氏も滅んだ。その後、木村氏の支配下となるが、天正19年、大崎・葛西一揆平定後、伊達領となり亘理重宗が入封した。重宗は、はじめ百々城を居城とするが、翌年、涌谷城に入城し、近世城郭へと修築した。元和一国一城令以後も涌谷要害として存城し、亘理氏は、三代定宗から伊達姓を許され、明治に至った。

（宮城縣涌谷）涌谷公園舊城太皷樓　　　　●昭和戦前
本丸大手口付近、左上に仙台領で唯一残っている櫓建築の太鼓堂がみえる。

久保田城

秋田県秋田市千秋公園

1. 矢留城、葛根城、秋田城、窪田城
2. 慶長9年（1604）
3. 佐竹義宣
4. 石垣、堀、土塁
5. 櫓（模擬）、表門（復元）
6. JR秋田駅から徒歩5分

　佐竹氏は平安時代後期より常陸の有力豪族として頭角を現し、戦国時代末期には戦国大名に成長していた。関ヶ原の戦いで、所領半減の上、秋田に移封。当主義宣は、その翌年より新たな築城を開始した。一年後の慶長9年（1604）、竣工したのが久保田城である。石垣は土塁基底部など一部にしか用いられず、天守もあげられなかった。そのため近世城郭では地味な小城と捉えられがちだが、既に失われた三の丸や北の丸を含めれば、城域も決して狭小ではない。往時の城下は、雄物川支流を取込み、堀を幾重にもまわし、碁盤目状に巡らす道路が迷路化する。周囲の高地を含め、名門の本城に相応しいスケールの大きな総構を有していた。慶応4年（1868）、奥羽越列藩同盟から離脱したため攻撃を受け、領内全土が戦火に見舞われたが、久保田城は落城せず戊辰戦争の終結を迎える。今も残る幅広の水堀や切立つ土塁が、その剛健振りを雄弁に語る。

（秋田）千秋公園　鐘楼
久保田城、堀と塁をみる。

●昭和戦前

山形城

山形県山形市霞城町

山形城　復元された二の丸東大手門

1. 霞城、霞ヶ城、吉字城
2. 延文2年（正平11・1356）、文禄年間（1592〜95）
3. 斯波兼頼・最上義光
4. 石垣、水堀
5. 二の丸東大手門・大手橋
6. JR山形駅から徒歩10分

　山形城は本丸・二の丸・三の丸からなる輪郭式縄張の平城である。広大な三の丸は待屋敷となり、東面に大手門を構える。城塁は土塁造りで水堀がめぐる。石垣の構築は桝形虎口に限られた。二の丸西南塁上に三層櫓があげられた。このほか本丸と二の丸だけで隅櫓は十四基、門は十七棟を数えた。

　山形城は、延文2年（1357）に最上氏の家祖である斯波兼頼が築いたとされる。最上氏は、戦国時代に義光が威勢をふるった。義光は徳川家康との親交が深く、関ヶ原の戦いに際し、西軍に属した上杉景勝と戦った。義光による山形城の修築は、文禄年間（1592〜95）に始まり、大城郭を構築した。元和8年（1622）最上氏は改易され、山形城は幕府の管轄となり、修築される。その後、出羽国の押えとして鳥居忠政を24万石で封じた。この後、山形城主は頻繁に交代し、その知行高が低落したことから城郭は荒廃の一途をたどり、明治に至った。

山形歩兵第三十二聯隊営門　THE 32RD REGIMENT OF INFANTRY, YAMAGATA.
●明治45年4月15日の消印

歩兵三十二連隊が使用していた山形城の明治後期の状況。

新庄城

山形県新庄市堀端町

新庄城本丸土塁上よりみた本丸虎口石垣

1. 沼田城、鵜沼城
2. 寛永2年（1625）
3. 戸沢政盛
4. 石垣、堀、土塁
5. 新庄市指定史跡、最上公園
6. JR新庄駅から徒歩20分

　元和8年（1622）、最上氏改易に伴い旧領のうち、最上地方には戸沢政盛が入封した。当初政盛は鮭延城に入っているが、狭隘で領国経営には不便な山城であったため、沼田の地に築城を開始。およそ1年後の寛永2年（1625）に新庄城が完成させた。縄張は、同じ時期に山形城に入った義兄鳥居忠政の手に委ねられた。水堀にて区画された輪郭式の平城で、湿地であったため周囲には深田が巡り、要害性を高めていた。当初は天守をあげていたが、間もなく火災にて焼失し、以降再建されることなく明治の維新を迎えた。奥羽越列藩同盟に名を連ねていたものの、久保田藩に同調し新政府側へ寝返り、庄内藩より猛攻を受ける。藩主正実らは久保田藩内に逃げ落ち、新庄城は陥落。この戦火にて、城内の建物はすべて焼け落ちた。城址は最上公園として整備され市民の憩いの場となるが、本丸周囲の水堀と表御門石垣が城郭の名残を現在もとどめる。

羽前新庄沼田城趾ト中學校　●明治後期〜大正初期
新庄城跡の堀と土塁。

羽前新庄沼田城趾　The Rulus of the Numada Castle,Shinjo.Uzen.　●明治後期〜大正初期
新庄城跡の堀と土塁

新庄城本丸の濠（昭和41年、西ケ谷恭弘撮影）

出羽松山城

山形県酒田市新屋敷

出羽松山城大手門

1. 松山陣屋、松嶺城、中山舘
2. 天明元年（1781）
3. 酒井忠休
4. 大手門、堀、土塁
5. 松山歴史公園
6. JR酒田駅からバス30分

　元和8年（1622）、出羽国庄内に酒井忠勝が入部。正保4年（1647）に忠勝の三男忠恒が2万石を分領、庄内支藩として松山藩の歴史が始まる。陣屋の置かれた中山の地が寛文4年（1664）に松山と称され、3代忠休の時に築城拝命を受ける。天明元年（1781）着工したのがこの出羽松山城である。本丸の北から東、南へと三方を二の丸が囲み、さらに北より西、南側を取り囲む三の丸を配し、本丸には二重櫓をあげる計画だった。当初より財政難だったがさらに悪化したため、未完のまま半ばにして普請を終了した。現在は馬出や土塁、水堀などが部分的に残されているにすぎないが、三の丸西辺中央の大手門は極めて印象的である。これは寛政2年（1790）に落雷で焼失し、本邦最大の地主本間氏の寄進で再建され現存しているものである。明治維新で廃城となり、この大手門も取り壊しの命を受けたが、住民嘆願により難を逃れたと伝えられている。

山形縣松嶺名所　松山城址大手門　　　　　●昭和初期
大手門の昭和初期の状況と思われる。本来の大手門の位置なのか、改造されているのか、わからないが、外観の状態は良いようである。

鶴ヶ岡城

山形県鶴岡市馬場町

鶴ヶ岡城本丸東側の濠

1. 大宝寺城、大梵寺城、鶴岡城
2. 不明
3. 武藤氏
4. 石垣、堀、土塁
5. 鶴岡公園
6. JR鶴岡駅からバス10分

　鎌倉時代初期、出羽国大泉庄の地頭職となった武藤氏は、戦国期に至るまでこの地に覇を競った。鶴ヶ岡城の前身、大宝寺城はこの武藤氏によって築かれている。関ヶ原の戦後の慶長6年（1601）、最上義光が加増された庄内地方の拠点にと改修、のちに鶴ヶ岡城と改称する。最上騒動を経て元和8年（1622）、酒井忠勝が庄内の地に入封すると、本拠と定めた当城を大改修。本丸を中心に二の丸、三の丸と順次取り囲む輪郭式の平城とした。所要には石垣を配し、虎口には馬出や桝形を設け櫓門も置き、雄大な水堀を巡らすなど、近世城郭の姿に生まれ変わっている。慶応4年（1868）の戊辰戦争にて、朝敵とされた庄内藩は官軍と徹底抗戦、同じく強硬派の会津藩が降伏したのちもさらに戦い続けた。廃藩置県にて当城は廃され、建物はすべて取り壊されてしまった。現在、鶴岡公園として整備されているが、周囲の市街化が進む中、未だ多くの水堀が残されている。

鶴ヶ岡城　大手　　　　　　　　　　●大正10年4月の印
東側よりみる二の丸大手付近、右側に大手御門、左側に御角櫓が描かれている。

二本松城

福島県二本松市郭内

二本松城箕輪門に再築された櫓と門

1. 霞ヶ城、白旗城
2. 応永年間（1394〜1428）
   寛永年間（1624〜1643）
3. 畠山氏・加藤明利
4. 石垣
5. 箕輪門・附櫓
6. JR二本松駅から徒歩20分

　二本松城は、中世城郭と近世城郭が併存している平山城である。城は、標高345mの白旗ヶ峰山頂に本城と西城を構築し、山腹に数多くの曲輪を配し、山麓部に二の丸を構えた階郭式縄張を形成している。本城と西城を詰の城とし、二の丸には城主居館・政庁が置かれた。

　二本松城は応永年間（1394〜1428）に奥州探題の畠山氏が白旗ヶ峰に城館を築いたのが始まりである。天正14年（1586）伊達政宗は畠山氏を滅ぼし、仙道地方を制圧する。天正18年の秀吉の奥州仕置によって二本松城は蒲生氏郷の持城となる。この後、二本松城は、会津若松城の支城として存在する。寛永年間（1624〜43）初期、会津若松城主加藤明成の弟明利によって近世城郭化への普請が開始されたとされる。寛永20年に入封した丹羽光重によって慶安2年（1649）から城郭と城下町の整備をした。戊辰戦争の際、落城し、廃城となる。

二本松名所　霞ケ城公園（城跡）全景　　　　●昭和戦前
二本松城全景、山上の石垣もみえる。

白河小峰城

福島県白河市郭内

再築された御三階櫓と本丸櫓門

1. 小峰城、白河城
2. 興国元年（1340）
3. 結城親朝
4. 石垣・堀・土塁
5. 三重櫓、前御門
6. JR白河駅から徒歩すぐ

　南北朝期の興国元年（1340）、結城親朝が小峰ヶ丘に創築した平山城がこの白河小峰城である。戦国期には会津へ移封された上杉景勝が、関ヶ原の戦へと至る過程で、当城に改修を施している。寛永4年（1627）に入封した丹羽長重が、幕府からの命により大改修を行い、本丸から三の丸の一部までを石垣造りとした近世城郭とした。石垣は現在も良好な状態で残されており、往時の威容を知ることができる。周囲に残る水堀もまた見事である。阿武隈川流域に独立した丘陵を用い、その立地を活かし、城下町にも水堀が多く用いられていた。長重の父長秀は、安土城築城にて普請奉行を務めている。築城名家の血が当城でも存分に発揮された結果であるといえる。明治の戊辰戦争では、諸藩の兵が当城に籠り、官軍に抗して攻撃を受け落城。この際、兵火にかかって城内の建築物は失ってしまった。平成になって三重櫓と前御門が木造にて復元されている。

白河舊城跡　　　　　　　　　　　　　　　　　　　　　●明治後期
白河城跡の石垣、人物と休憩所のような建物がみえる。

（白河名勝）舊城址　　　　　　　　　　　　　　　　　　　　●明治後期
　白河城址の雄大な石垣群。建物は残っていない。南西側からみた本丸と二の丸。

（白河名所）舊城跡　REMAINS OF OLD CASTLE, SHIRAKANA　●裏面下段文面に明治44年と記載
　白河城址清水門虎口の石垣群。

（白河名所）舊城蹟　Old Castle,shirakawa　　●明治後期頃
白河城址の石垣群。

磐城白河名所　小峰城趾蛇頭ノ景　A Castle Komine,Shirakawa　●明治後期〜大正初期
西側からみた白河城址。上段が本丸の石垣。

会津若松城

福島県会津若松市追手町

外観復元された会津若松城天守

1. 鶴ケ城・黒川城
2. 文禄元年（1592）
3. 蒲生氏郷
4. 本丸御三階、茶室、石垣、土塁、堀など
5. 天守、干飯櫓と南走長屋、本丸鉄門など（復原）
6. JR会津若松駅からバス20分

会津若松城は、戊辰戦争の際、白虎隊の悲劇として有名である。

会津若松城は、本丸・二の丸・三の丸で構成される平山城で、典型的な梯郭式縄張の城郭である。各曲輪は、広い水堀で画され、土橋で結ばれている。本丸を中心とした各曲輪には石垣が積まれている。本丸の周囲の石垣には横矢掛りが多い。技法は打込ハギが中心であるが、天守台は野面積みである。

会津若松城の前身は蘆名氏が居館とした黒川館であった。天正19年（1591）蘆名氏を滅ぼし、会津を占領していた伊達政宗の転封により蒲生氏領となった。蒲生氏郷は文禄元年（1592）から黒川館を大修築し、天守をあげ、近世城郭とした。天守は慶長16年（1611）の地震で大破し、加藤明成により寛永年間（1624～34）に大改修された。寛永20年、保科正之が23万石で入封し、会津松平氏の祖となり、以後、会津松平氏の居城として明治に至った。

會津　鶴ヶ城の内濠　A Castle Tsurugajiyo, Aidzu.　●大正後期～昭和初期

会津若松城　西出丸大手門跡を北東側よりみる。北出丸から撮った写真である。

會津名所　若松市鶴ヶ城大手先の景　Tsurugajiyo Wakamatsu,Aidzu.　●大正後期～昭和初期
若松城北出丸追手（大手）門付近跡。左側が追手門跡、中央が東北櫓跡の石垣。

會津城趾西出丸の濠端　THE RUINS OF OLD CASTLA,AIZU　●文面に明治44年1月1日の記載
会津若松城西出丸西面の石垣と濠、石垣左端が北西櫓の石垣台。

（會津若松）北大手口鐘突堂

●大正7年2月10日の消印

現在残っている帯曲輪の鐘撞堂と外観が少し異なっている。改造されていたか別に残っていた建物か？石垣の高さも数メートルはあると思われるので現在のものとは位置も違うのではないか。

北大手口鐘突堂　（會津若松）

會津　若松鶴ヶ城跡ヨリ磐梯山ヲ望ム　A Castle Tsurugajiyo, Aidzu.　●昭和初期頃

北出丸大手門付近の石垣と堀。

関東の城

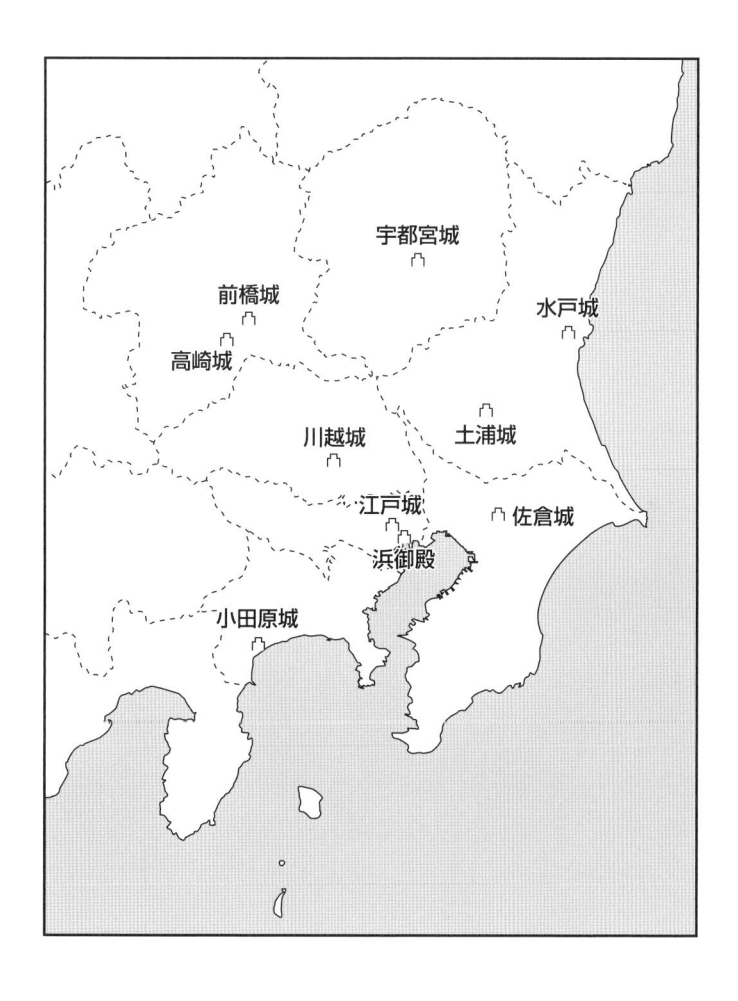

宇都宮城
前橋城
水戸城
高崎城
川越城
土浦城
江戸城
佐倉城
浜御殿
小田原城

水戸城

茨城県水戸市三の丸

水戸城大手門跡と大手橋

1. 馬場城
2. 鎌倉時代初期
   文禄3年（1594）
3. 馬場資幹、佐竹義宣
4. 三の丸弘道館、土塁、空堀、薬医門（移築）
5. ―
6. JR水戸駅から徒歩10分

　水戸城は、那珂川と千波湖に挟まれた比高25mの舌状台地にある。東に伸びる台地の先端に東郭、次いで本丸、二の丸、三の丸と一線に曲輪を配した連郭式縄張の平山城である。曲輪間は、深い空堀と土塁で隔てている。西側は台地続きで外濠で区切っている。徳川時代には、二の丸を主城とし、天守に代わる御三階櫓と城主の館を構えた。三の丸の外には惣曲輪を設け、出丸として偕楽園を築いた。

　水戸城は、鎌倉時代初期、常陸の大掾職となった馬場資幹によって築いたとされる。馬場氏は大掾氏を名乗るが、応永23年（1416）上杉禅秀の乱に加担し、勢力を失った。水戸城は江戸通房の居城となり、江戸氏の常陸南進の拠点となった。天正18年（1590）秀吉の小田原の役参陣を江戸重通は拒否したため、佐竹氏領となり、水戸城は修築された。慶長7年（1602）佐竹氏は秋田へ国替えとなり、家康の5子武田信吉、11子頼房が入封し、水戸徳川家の始祖となる。

水戸舊城　　　　　　　　　　　　　●大正後期～昭和初期
水戸城二の丸外側より御三階櫓南面を望む。

水戸舊城天主閣　The Tenshukaku of Old Castle at Mito　●明治後期～大正初期
水戸城南側より二の丸遠景、樹木に隠れて御三階櫓がみえる。

（水戸名勝）水戸城　天主閣　●明治後期～大正初期
水戸城二の丸下より御三階櫓東南面をみる。

水戸舊城　THE OLD MITO CASTLE.　●大正初期頃

御三階櫓東北面、うらの宛名面に消印が押してあり、大正4年のようであるが、はっきり写っていない。1階に出入り口扉がついている面が北面。

（水戸川又書店發行）　THE OLD MITO CASTLE.　水戸舊城

水戸名勝　水戸城　●昭和15年7月4日の印

御三階櫓南西面、ホテル大平館の広告スタンプが押してあり、15、7、4の日付が打たれている。

旧城趾（水戸名勝）

(水戸名勝) 舊城趾
御三階櫓北西面、天守台の石垣はなく、1階外壁の腰部分は海鼠壁になっている。
●昭和戦前

舊水戸城
御三階櫓西北面、外部は三重であるが、内部は五階になっていた。
●明治39年8月21日の消印

土浦城

茨城県土浦市中央

土浦城太鼓櫓門

1. 亀城
2. 室町初期、天正18年（1590）
3. 今泉氏、結城秀康
4. 太鼓櫓門、霞門、高麗門、本丸水堀
5. 本丸西櫓・東櫓（復原）
6. JR土浦駅からバス5分

　土浦市街の中心に亀城公園がある。本丸と二の丸の一部が公園化されている。本丸虎口には太鼓門、搦手口には霞門が残る。関東地方の城郭の中で二つの城門建築がそのままの形で残る城は江戸城を除いて、ここ土浦城址のみで、とりわけ太鼓櫓として櫓門ではあるが、櫓が残るのは貴重だ。

　今日土浦城本丸土塁上には西櫓・東櫓が復原された。二の丸東虎口には、城下に移築されていた高麗門が移築されている。土浦城はまさに関東を代表する城郭遺構なのである。土浦城が公園化されている現状の中心部を形成するのは、中世戦国期にあった今泉、菅谷氏という在地豪族の跡を受けて入城した徳川家康の子で、豊臣秀吉の養子であった結城秀康の代であった。秀康は、徳川領国と佐竹領国の中間に両雄を牽制する形で結城から土浦を領した。秀康の土浦城整備は、霞ヶ浦水運と常陸南部の肥沃な穀倉地帯を掌握するためであった。

（土浦名所）土浦公園寄り木　　　　　　　　　　　●昭和初期
　土浦城太鼓門を望む。櫓門は、太鼓櫓・太鼓門と呼ばれ現存しており、県の文化財に指定されている。

（土浦名所）舊城龜城　　　　　　　　　　　　　　　　　　　　●昭和初期
　土浦城本丸西櫓、西面。西櫓の写真は多くみられる。

（土浦名所）龜城公園　龜城城跡　　　　　　　　　　　　　●昭和16年10月7日の消印
　土浦城本丸西櫓、東南面。1階の窓の有無や位置及び樹木から考えると本丸内側より東南面を写したものである。

（土浦名所）　舊城之景．　　　　　　　　　　　　　　　　　　　　●明治後期頃
　土浦城本丸西櫓、西南面をみる。櫓台の石垣はなく、土塁造りの城であった。

（土浦名所）　舊城龜城　　　　　　　　　　　　　　　　　　　　　●昭和初期
　土浦城本丸西櫓、西南面近景。西櫓は昭和24年まで残っていたため解体以前の写真はよくみられる。

宇都宮城

栃木県宇都宮市本丸町

宇都宮城清明台二重櫓（模擬復興）

1. 亀ヶ岡城、唐糸城
2. 平安時代・元和5年（1619）
3. 宇都宮氏・本多正純
4. 今小路門（移築）
5. 土塁、富士見櫓、清明台櫓、土塀（いずれも模擬）
6. JR宇都宮駅からバス15分

　宇都宮氏は、藤原北家の宗円が宇都宮座主と下野守護を拝命したに始まるとされるが、出自は諸説あり明確でない。当初、山城の多気城を本拠としたが領国支配の利便性から、宇都宮城原型となる館を平地に築いたのだろう。戦国期に至るまで、当地にて宇都宮氏の覇権は確固たるものだったが、慶長2年（1597）に突然、豊臣秀吉により改易される。その後蒲生秀行、奥平家昌に続いて、元和5年（1619）に本多正純が入封、宇都宮城と城下町の大改修を施した。今に残る城絵図からは、四重に濠が引かれ、本丸を中心に二の丸、三の丸、外郭が周囲を取り巻いていたことがうかがえる。日光街道と奥州街道の交点に当たる要衝で、日光社参の際には将軍宿城となる重要な城郭であった。戊辰戦争の際建物はほとんど焼失、その後私有地として分割譲渡され、都市化が進み改変が極めて著しい。近年、宇都宮城址公園として模擬の土塁、濠、櫓2基が新装された。

宇都宮舊城趾本丸入口　●明治後期頃
本丸入口と記載されており、土塁と堀が残っていたようである。

前橋城

群馬県前橋市大手町

前橋城本丸

1 厩橋城
2 室町時代末か
3 不明
4 堀、土塁、曲輪橋門址
5 土塁（県庁内）
6 JR前橋駅からバス6分

　前橋城の創築者については諸説あり判然としない。室町時代後期に長尾忠房築城の石倉城が利根川の数度の氾濫で水没、残存部分を基に新たに築城したもの。戦国時代には上杉、武田、北条各氏による争奪戦の舞台となり各勢力の支配を受けた。関ヶ原役ののち慶長6年（1601）、酒井重忠が入城し大改修、御三階櫓も有した近世城郭となった。厩橋から前橋へ呼称も変更された。寛延2年（1749）、酒井氏が姫路へ転封となり、松平朝矩が入れ替わる。この頃より利根川の城域への浸食が激しくなり修築困難として、明和4年（1767）に川越城に移転する。文久3年（1863）に当主松平直克が前橋城再築に着手。慶応3年（1867）年に西洋流の稜堡式も取り入れた城郭が誕生する。時すでに明治維新が迫っており、明治4年（1871）の廃藩置県で廃城。城域は県庁となり遺構は大きく損なわれたが、残る巨大な土塁が往時の英姿を物語る。

（前橋）群馬縣廳　Prefeeture Office of Gun-ma.Maebashi　●明治後期〜大正初期
群馬県庁として使われていたころの前橋城の本丸御殿。昭和3年に新県庁舎新築に伴い解体された。

高崎城

群馬県高崎市高松町

高崎城三の丸に移築された乾櫓

1. 和田城
2. 慶長3年（1598）
3. 井伊直政
4. 土塁、水堀、乾櫓、東門
5. 石垣（模擬）
6. JR高崎駅から徒歩10分

　高崎城は関東特有の土塁の城であり、現状のような石垣は構築されなかった。

　高崎城は、典型的な平城である。縄張は、本丸を中心に西の丸、榎曲輪と西曲輪で輪郭式縄張を構成し、梅木曲輪・二の丸・三の丸と梯郭式縄張で本丸を囲む形である。特に本丸をめぐる構造は、孫子の常山両頭の蛇の思想を一城中に具現した、珍しい構造である。

　高崎城地の一部は、小田原の役で落城した和田城の旧地である。城主和田氏は、鎌倉以来の豪族で、戦国時代には、上杉、武田、北条と主をかえ、小田原の役で北条氏と運命を共にした。小田原の役後、箕輪城主となった井伊直政は、旧和田城の位置に着目し、慶長3年（1598）から築城を始め、高崎と命名した。この際、箕輪城の多くの建造物や城下の寺院、町人・農民も高崎へ移させた。慶長5年の関ヶ原の合戦後、井伊氏は彦根へ加増転封し、酒井氏が入城。その後、松平氏、安藤氏などが入城し、明治に至った。

高崎舊城御堀端
　高崎城の堀端と記載されている。左の建物は「時の鐘」。

●明治44年7月29日の消印

川越城

埼玉県川越市郭町

川越城本丸御殿

1. 河越城、初雁城、霧隠城
2. 長禄元年（1457）、寛永16年（1639）
3. 太田道灌、松平信綱
4. 本丸御殿の一部、土塁、空堀
5. ―
6. 東武東上線・JR川越駅からバス10分

　川越城は仙波の広大な丘陵と平地を利用した平山城である。台地上の先端の本丸を中心に天神曲輪、北方に二の丸、西方に八幡曲輪、三の丸で構成されていた。川越大火後、外曲輪、田曲輪、新曲輪を増築し、西・南二方に馬出を設け、近世城郭として整備した。城下南方の喜多院は出城の機能を備えていた。現在、全国的にも貴重な本丸御殿が現存し、川越は小江戸の町並を残している。

　川越の地は、もと河越・河肥とも書き、秩父党の河越氏の領する地であった。本格的な築城は、長禄元年（1457）太田道灌によってなされ、扇谷上杉氏の武蔵経営の拠点となった。道灌が扇谷上杉定正に殺されると後北条氏の居城となる。天文15年（1546）扇谷・山内上杉連合軍が古河公方を奉じ、北条綱成の守る川越城を攻めるが、完敗した。天正18年（1590）小田原の役後、江戸城の第一防備線として、親藩・譜代大名の居城となり、明治に至った。

（川越名勝）舊川越城跡　●昭和初期

川越城本丸御殿遠望。現在でも玄関を含む本丸御殿の一部が残っている。

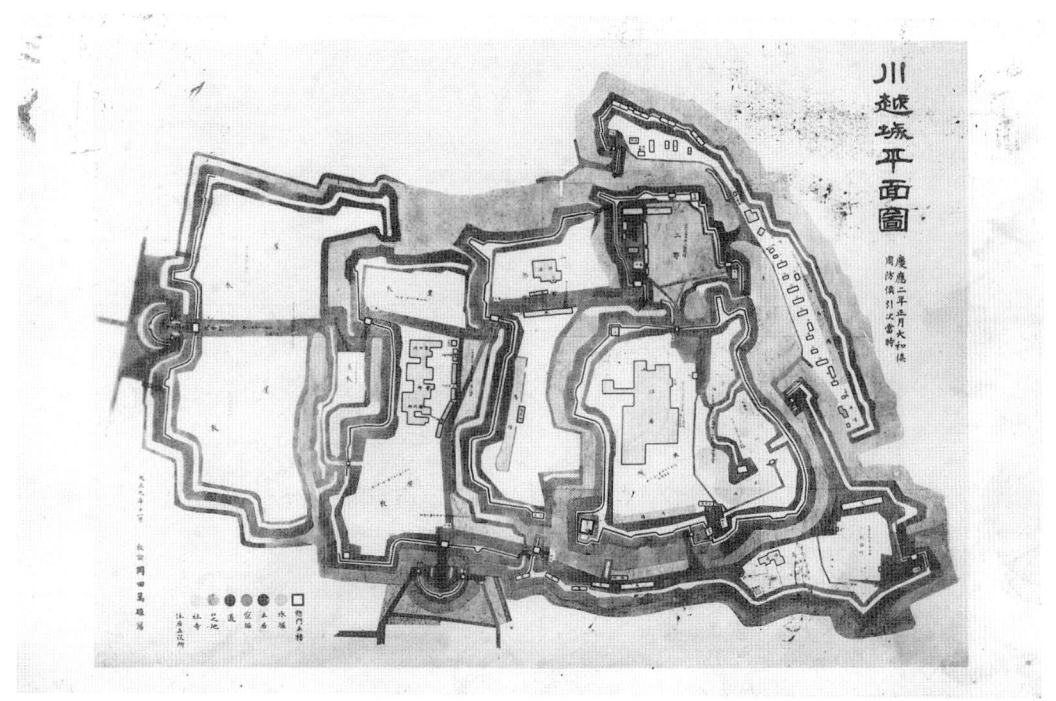

川越城平面圖 ●昭和3年1月1日の消印

　城郭絵図の絵葉書である。一般の地図絵葉書は時々みかけるが、このような城絵図絵葉書はあまりみかけない。

入間郡公會所　川越町役場 ●大正元年

　入間郡の公会所として使われていたころの川越城本丸御殿（右下）。特別大演習記念、大正元年十一月と型押しされている。

佐倉城

千葉県佐倉市城内町

佐倉城水の手曲輪

1. 鹿島城
2. 元和3年（1617）
3. 土井利勝
4. 堀・土塁
5. 佐倉市指定史跡・佐倉城址公園
6. 京成佐倉駅から徒歩20分

　千葉氏一族の鹿島幹胤が築城を開始したとも、あるいは天正年間に北条氏が普請したともされる。慶長15年（1610）、佐倉に転封となった土井利勝が、幕府の命を受けこの鹿島の城を再築する。元和2年（1616）、佐倉城が完成する。以降、明治に至るまで佐倉藩庁としての機能を果たしている。佐倉は水運と陸路が交差する要衝であり、徳川家一門や譜代大名が入封する重要な城郭である。これを支える広大な城域には一切石垣がみられない。雄大な空堀と土塁にて本丸・二の丸・三の丸・外郭を区画、印旛沼の水利を活かした水堀が巡らされていた。御三階櫓や銅櫓、本丸櫓門等は明治の廃城令にて撤去され、帝国陸軍佐倉連隊の駐屯となり、さらに土塁や堀など遺構群が埋め立てられた。国立歴史民俗博物館の建設に伴い発掘調査が行われ、角馬出等が検出された。現在、周囲は佐倉城址公園として整備がなされ、遺構の復元展示がなされている。

空中ヨリ見タル歩兵第五十七聯隊　　●大正後期
　歩兵第五十七連隊が使用していたころの佐倉城を上空からみる。城址の形状がかすかに残っているようである。13.3.23の数字は1923年3月13日と思われる。

江戸城

東京都千代田区

江戸城桜田巽櫓

1. 千代田城
2. 長禄元年（1457）、文禄元年（1592）
3. 太田道灌、徳川家康
4. 多数の櫓・門、百人番所、堀、石垣など
5. —
6. JR 東京駅など

　江戸城は、周囲16キロ、東西5キロ、南北3.5キロにも及ぶ、日本最大の城郭である。城は、武蔵野台地東縁の麹町舌状丘陵を主城郭とし、その外周に広く市街を取り囲む外堀を惣構えとする「城郭都市」である。主城郭は本丸を中心に二の丸・三の丸・西の丸・北の丸などを配置する輪郭式縄張の構成である。本丸には五層鉛瓦葺き、高さ64mの壮大な天守が建てられた。

　平安末期から鎌倉時代にかけて江戸氏の居館があったと伝えられる。長禄元年（1457）扇谷上杉氏の家宰太田道灌が江戸城を築いた。道灌の死後、江戸城は、後北条氏の支城となり、江戸衆が組織された。天正18年（1590）小田原の役後、関東に入封した家康は、江戸城を本拠とした。文禄元年（1592）から築城が始まり、諸国の大名が総動員され、完成したのは孫家光の代、寛永16年（1639）であった。慶応4年（1868）に開城し、皇居となった。

宮城前の凱旋道路　TOKYO--THE TRIUMPHAL NEW POADS.　●明治後期
江戸城南側より本丸・三の丸遠景。左上に富士見櫓、右に三の丸巽櫓がみえる。

（東都名勝）皇城千代田城　　　　　　　　　　　　　　　　　　　　　　　　●明治後期

本丸富士見櫓遠景。この写真は左右逆になっているようである。手前の石垣は蓮池二重櫓と箪笥多聞櫓跡の石垣と思われ、富士見櫓の手前下に一部みえるのは蓮池門と考えられる。蓮池門は明治43年に名古屋城へ移築されたといわれているので、それ以前の写真である。

（東京名勝）櫻田門　SAKURADA GATE AT TOKYO JAPAN　　　　　　　　●明治後期

西の丸下曲輪の外桜田門南面。現存しており、桜田門の古絵葉書は非常に多くみられる。

近衛歩兵第一聯隊（田安門） ●昭和初期
北の丸の田安門。高麗門は残っているが、櫓門は上の櫓部分が関東大震災で倒壊した。現在は復元されている。

（大東京）（丸之内）大手門　Ohtemon marunouchi, Tokyo.　●大正後期〜昭和初期
大手門と記載されているが、平河門である。橋の位置が高麗門の正面ではなく側面に位置しており、平河門の古写真と比較しても間違いないと思われる。

（大正十二年九月一日）帝都及横濱の大強震未會有の大惨状　　　●大正後期
　関東大震災で被害を受けた和田倉門の状況。『城郭古写真資料集成』では完全に櫓門が倒壊している写真が掲載されている。

〔東京名所〕半蔵御門　THE VIEW OF HANJOO GATE TOKYO.　　　●明治後期頃
　吹上曲輪の半蔵門を西側よりみる。明治初期には右手に櫓門があったが、この写真には高麗門しか写っていない。この門も戦災で焼失し、現在の門は和田倉門の高麗門を移築したといわれている。

浜御殿

東京都中央区築地

浜御殿本丸虎口石垣

1. 御浜御殿・恩賜御浜離宮
2. 承応3年（1654）
3. 徳川幕府
4. 庭園・濠・石垣・水門
5. 浜離宮庭園として有料公開
6. JR新橋駅・ゆりかもめ汐留駅から徒歩8分

　浜御殿は江戸城外構の出城であった。今もJR新橋駅より南東側に歩くと、濠がめぐる浜離宮庭園の正面に出るが、入口はびっしりと石垣がめぐる。浜御殿の大手門址で、絵葉書で見るように昭和20年東京大空襲までは枡形の虎口には高麗門と渡櫓門、塀が巡っていた。苑内に入ると西側が幕府と明治政府が迎賓館と利用した延遼館のあとで、芝広場と後庭の林泉庭が残り三の丸にあたる。東西の池泉が広がる一帯が二の丸で、池泉は海水を引き入れ、満潮と干潮時には風景がかわる汐入庭園で、海魚が生息する。北側の濠と石垣で区画される所が本丸で、今も西側には将軍御成の船着が残る。

　築城は承応3年（1654）将軍家光の次男綱重の屋敷地となすためはじまり、寛文4年（1664）、宝永元年（1704）に大改築がなされた。北側大手門橋から築地にかけての濠は、幕府海軍の港で、幕府の軍艦が繋溜されていた。海の手防御の要にあたっていた訳だ。

〔東京名所〕御濱御殿　THE WONIMURIKIOO, TOKYO　●明治後期〜大正初期
浜御殿の大手門と塀。大正12年の関東大震災で崩壊し撤去された。

〔東京名所〕御濱離宮　IMPERIAL PALACE OF RHAMA TOKYO.　●明治後期～大正初期

浜御殿大手門近景。門の大扉には潜戸がついている。

東京名所第一輯　濱離宮　THE DETACHEDPALACE "HAMA-RIKYU"
　　　　　　　　　　　　　　　　　　　　　　　　　●明治後期～大正初期

上の写真と同様、浜御殿の大手門を、側面から撮った写真。橋の先は江戸城外濠が江戸湾に接する所で、幕府の軍港となっていた。

小田原城

神奈川県小田原市城内

小田原城外観復元天守

1. 小峯城、小早川城
2. 応永23年（1416）、16世紀中頃
3. 大森頼顕、小田原北条氏
4. 石垣、堀
5. 天守、櫓、門
6. 小田急・JR小田原駅から徒歩10分

　小田原城は、戦国期最大の城郭で、城下町から田畑、各陣営をすっぽり囲む周囲12kmにも及ぶ「城郭都市」であった。城は箱根外輪山の裾の舌状台地を利用した平山城である。東に向って突き出た付根部分に八幡山本丸を置き、周囲に三重の堀と土塁を廻らして、諸曲輪が構成された。さらに、広く町場を包み込んで惣構えの堀と土塁を構築し、城郭都市とした。

　小田原城は、応永23年（1416）大森頼顕が築いたのが始まりである。明応4年（1495）伊勢宗瑞（北条早雲）が韮山城から攻め入り、大森氏を滅ぼし、以後、北条氏の本拠となった。北条歴代の当主により普請は続けられ、総曲輪の城郭が完成する。永禄年間（1558～70）上杉謙信、武田信玄によって攻められるが、いずれも籠城戦で退けた。天正18年（1590）秀吉の25万の大軍の前に開城した。家康の江戸入封後、多くは藩制がしかれ、明治に至った。

相州小田原城箱根口御門趾　　●大正3年の消印

　南側に位置した三の丸箱根口門跡の状況。中央の石垣は崩壊しているようであるが、絵葉書の消印年からみると関東大震災以前の状況である。

小田原城趾　The ruins of Odawara castle,　　　　　　　　　　●明治後期〜大正初期
二の丸を北東面から望む。左端に二の丸平櫓がかすかにみえる。今日の石垣は関東大震災後の積み直しで、これらの絵葉書の石垣高さと比較しても低くなっている。

御用邸（御堀）小田原城趾　VIEW OF COYOTE ODAWARA　　　　　　●大正初期頃
小田原城趾の石垣と堀。右が二の丸平櫓、中央に馬屋曲輪の馬出門跡がみえる。

相州小田原城跡御用邸 ●大正初期頃

　明治時代に小田原御用邸が城内に置かれていたが、大正12年の関東大震災により石垣も含めて崩壊した。右端は二の丸平櫓、この櫓も大震災で倒壊し、現在は隅櫓が復興されている。

相州　小田原御用邸　舊小田原城跡　Goyote of Otawara ●大正期

　関東大震災で崩壊前の二の丸平櫓近景。

古写真にみる日本の城 ①

名古屋城 明治期の立体写真（原版は手彩色）
　北側より堀越しに天守を望む。専用の双眼鏡で見ると浮かび上がって見える写真のようである。

仙台青葉城　明治33年発行　日本名所帖
　仙台城大手門と隅櫓を東側より見る。

高松城　明治36年発行　日本之勝景
　高松城艮櫓。三重の櫓で城郭の西南に位置していた。

北陸・甲信越の城

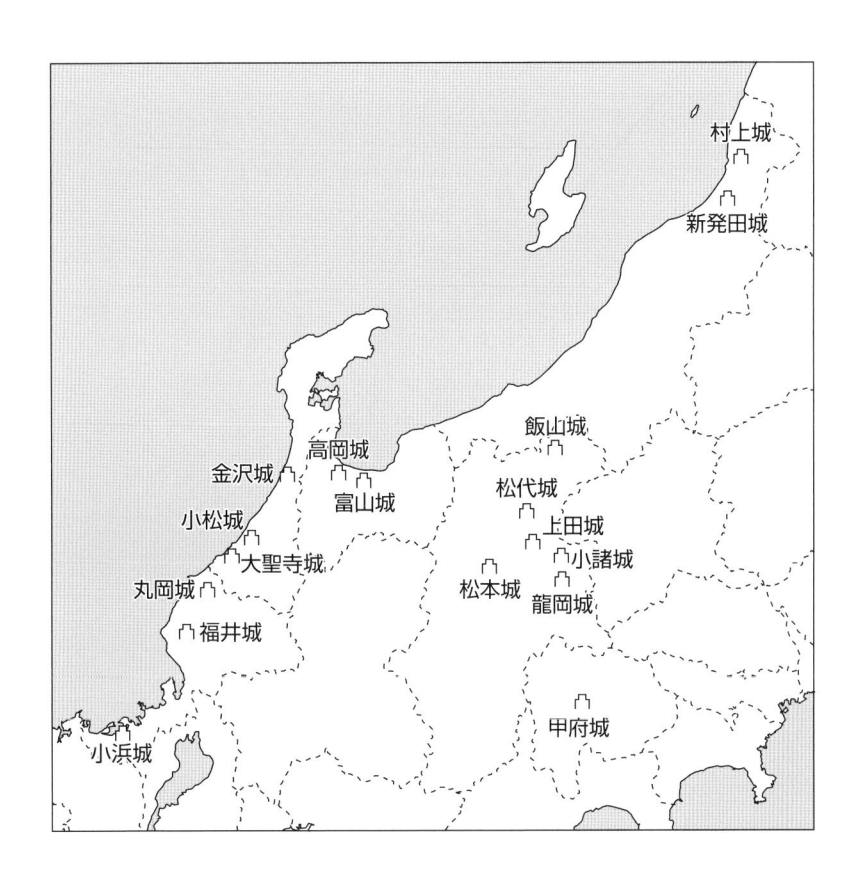

村上城
新発田城
飯山城
高岡城
金沢城
富山城
松代城
小松城
上田城
大聖寺城
小諸城
丸岡城
松本城
龍岡城
福井城
甲府城
小浜城

新発田城

新潟県新発田市大手町

1. 浮舟城、菖蒲城、狐の尾引城
2. 不明
3. 新発田氏か
4. 二の丸隅櫓、本丸表門、石垣、土塁、堀
5. 御三階櫓、辰巳櫓（復原）
6. JR 新発田駅からバス 5 分

　鎌倉初期、源頼朝より越後国加治荘が佐々木盛綱に与えられる。新発田氏はこの佐々木氏の末流にあたり、代々の居城として新発田城を築いた。慶長3年（1598）に溝口秀勝が当地に入部し、新発田氏居所址を大改築、近世城郭としての新発田城を築き上げた。本丸を二の丸が取り囲み、南に三の丸を形成、新発田川水系を水堀として取り込み、自然堤防を利用した選地と縄張とした。寛文8年（1668）の火災で、城内の建物ほとんどが失われている。その後も大地震やさらなる火災などに見舞われる。その都度改修し、一層威風を増してきた。鉢巻から総石垣の城となり、緻密な切込みハギによる積み上げは今も美々しく残り、現在でもみる者を圧倒する。本丸御門と二の丸隅櫓も焼失後再建され現存する。明治になって破却された御三階櫓は、最上層の屋根を丁子型に葺き、鯱を三体載せる大変珍しいものだった。近年辰巳櫓とともに、木造の伝統手法で復元された。

（新發田）舊城ノ蓮池　OLD OF THE CASTLE SHIBATA.
二の丸隅櫓と思われる。現在、本丸に移築されている隅櫓と形状は似ているが、一層目の腰壁は下見板張りになっており、移築櫓の海鼠壁と異なる。 ●明治後期

新発田城古写真絵葉書 ●昭和戦前

明治期の古写真を絵葉書にしたものである。左上〔講堂〕二の丸内の藩学校と、奥に御三階櫓を望む・左下〔三階櫓並表門脇石垣〕御三階櫓と本丸鉄砲櫓（右）・右上〔知政廰〕三の丸にあった政庁・右下〔二の丸大下馬所〕二の丸重臣屋敷の長屋門、左端は本丸鉄砲櫓

新発田城古写真絵葉書 ●昭和戦前

明治期の古写真を絵葉書にしたものである。左上〔二階櫓並土橋門〕右が土橋門、左は本丸鉄砲櫓・左下〔西の門〕二の丸にあった西の門・右上〔三階櫓〕本丸御三階櫓と堀・右下〔中の門一〕二の丸にあった大手中の門を三の丸側よりみる。

新発田城古写真絵葉書 ●昭和戦前

明治期の古写真を絵葉書にしたものである。上〔三階櫓及古丸の一部〕本丸御三階櫓、左奥に古丸がみえる・左下〔鐵砲櫓〕土塁上に建っているので本丸の鉄砲櫓ではないと思われる。現在 本丸鉄砲櫓跡に移築されている二の丸隅櫓か。・右下〔裏門〕本丸裏門と折掛櫓（左端）。

新発田城古写真絵葉書 ●昭和戦前

明治期の古写真を絵葉書にしたものである。・左上〔表門〕本丸表門（左）と辰巳櫓・左下〔追手門〕三の丸にあった大手門・右上〔講武舘〕新発田分営として使用されていた頃・右下〔中の門二〕二の丸にあった大手中の門を内側よりみる。

村上城

新潟県村上市大字村上

村上城本丸虎口

1. 臥牛山城、舞鶴城、本庄城
2. 不明
3. 本庄氏
4. 石垣、堀
5. ―
6. JR村上駅から徒歩30分

　揚北衆として知られる本庄氏は、桓武平氏秩父氏の一族である。鎌倉初期に秩父行長が越後国小泉庄本庄の地頭となり、子孫が在所を名乗るに始まる。慶長3年（1598）に村上頼勝が本庄氏の本拠となった本庄城へ入城する。頼勝はこの城を近世城郭に改築、村上城と改名している。元和4年（1618）に入部した堀直寄はさらに改修を進め、全城域に石垣を巡らし、城下の拡張整備を行った。続いて入城した松平直矩も寛文元年（1661）より改修を開始し、三層天守をあげるまでに至るが、同7年に焼失する。当城は火に悩まされることが多く、以降も落雷や火災に見舞われ、櫓や門などの亡失が続く。明治元年（1868）、戊辰戦争では新政府軍の攻撃に抗しきれず、最後は村上藩兵自ら焚焼することで幕を引いた。当城は、標高135mの臥牛山に存する。近世城郭では希少な山城であり、美しい石垣群とともに、山城ならではの長大竪堀も見所である。

北越村上城址
村上城址の石垣。本丸方面を望む。

●明治45年の消印

舊村上藩城址 ●昭和初期
　村上城跡の石垣。前ページ写真より　少し角度を変えて遠景で本丸石垣を撮ったもの。

村上城望遠（昭和41年頃、西ケ谷恭弘撮影）
　今日と違い、高層の建物が少ない。

富山城

富山県富山市本丸

富山城模擬天守

1. 安住城、浮城
2. 天文 12 年（1543）か
3. 神保長職か
4. 石垣、堀
5. 模擬天守
6. JR富山駅から徒歩 10 分

　富山城築城について、古くは永正年間との指摘もあるが、天文12年（1543）頃神保長職の手によるとするのが有力である。戦国期においては越後上杉氏や一向一揆衆、織田信長の勢力までが入り乱れて当地を争った。天正10年（1582）、佐々成政が入城し越中一国をほぼ制するが、同13年に豊臣秀吉の大軍へ降伏、当城は破城の憂き目にあう。慶長2年（1597）、前田利長が入城し大改築を行うが、同14年の火災により城内外尽く焼失、高岡城を築城し移転する。利長の甥の利次が万治4年（1561）に幕府から修築許可を得て、再改築に着工する。この修築許可では天守造営も認められたが、近年の古絵図研究や発掘調査の進展の結果、天守はあげられなかったと考えられている。当城は富山前田氏の居城として明治維新まで存続した。その後水堀も一部を残し段階的に埋められ、現在は模擬天守の建つ富山城址公園となり、市民に開放されている。

（富山）舊城前　　　　　　　　　　　　●昭和初期
本丸南側鉄御門跡の石垣と堀。

(富山名所）富山城阯　　　　　　　　　　　　　　　　　　　　　　●昭和戦前
本丸南側鉄御門跡の石垣と堀を東側よりみる。

（史蹟の富山）舊城跡　The Toyama.Qujyo(Castle)　　　　　　　●昭和初期
富山城址、石垣と堀。右側が本丸。

高岡城

富山県高岡市古城

慶長14年（1609）、火災で富山城が焼失し、同城にて隠居していた前田利長は一時的に魚津城へ移り、射水郡関野に築城を開始する。のちに地名も高岡と改められ、高岡城は竣工する。先代利家の代に秀吉より下賜された豊臣秀次遺館の良材を用い、殿館は造られたと伝える。同19年に利長が死去、翌年、一国一城令が発せられる元和元年（1615）に当主利常が殿館を廃した。この時の形式的廃城では、当城の歴史は終わらなかった。城内には加賀藩の米蔵、火薬庫、番所などを置き、堀や土塁についてはそのままに残している。魚津城も同様であり、加賀前田家の一つの施策であったかもしれない。明治となり、破却や転用される城址が多いなか、当城は城址公園としての先鞭をつけ、元和の頃の姿を現代にまで留め続けている。矩形の本丸の周囲三辺は四郭が囲み、残る一辺は沼沢地であった。雄大な水堀群と、塁線に折れをほぼ用いない直線的な縄張が印象深い。

高岡城

1 多可遠哥城
2 慶長14年（1609）
3 前田利長
4 石垣、堀、土塁
5 ―
6 JR高岡駅から徒歩10分

高岡　古城公園
明治後期から大正初期頃の高岡古城公園の様子。

●明治後期～大正初期

〔高岡公園〕　　　　　　　　　　　　　　　　●明治後期～大正初期
　高岡城址の土塁と堀。

高岡古城公園　　　　　　　　　　　　　　　●明治後期頃
　明治後期頃の高岡城址の状況。

金沢城

石川県金沢市丸の内

金沢城二の丸菱櫓（復元）と五十間櫓

加賀一向一揆衆が、天文15年（1546）に拠点として築いた尾山御坊が金沢城の前身である。天正8年（1580）、石山本願寺は織田信長勢に開城、尾山御坊も攻め落とされる。佐久間盛政がこの御坊を改修、土塁や堀などを急造し自ら入城する。天正11年（1583）には賤ヶ岳合戦を経て前田利家が当城に入った。以降、修築を重ねていく課程にて、当時前田家庇護下の高山右近が腕を揮ったという。本丸を南辺におき、階郭式の複雑な縄張りを持ち、のちの百万石大名本拠に相応しい威容を誇るに至る。本丸には五重の天守があげられていたが、慶長7年（1602）に落雷で焼失、以降御三階櫓を建てて天守の代用とした。明治維新後も存城となるが、石川門、三十三間長屋等以外焼失。第二次大戦後に設置された金沢大学が平成7年（1995）に移転したのを機に、復元整備が開始される。特徴ある海鼠壁と鉛瓦の建物も、今まさに往時の姿を取り戻しつつある。

1. 尾山城、金城
2. 16世紀、天正11年（1583）
3. 一向宗、佐久間盛政、前田利家
4. 石川門、多聞櫓、隅櫓、三十三間長屋、鶴丸倉庫、石垣、堀、土塁
5. 菱櫓、橋爪門、橋爪門続櫓、五十間長屋（復元）
6. JR金沢駅からバス15分

金澤城　●明治40年10月17日の消印
金沢城石川門付近を東南側よりみる。左から二重櫓、高麗門、渡り櫓の櫓門、塀が続いている。

金澤城 ●明治42年10月2日の消印

南側より石川門付近を遠望、百間堀は現在埋め立てられているがこの当時はまだ水があり、城郭らしい景観になっている。

金澤城石川橋　Castie Kanazaw ●明治後期

東北側よりみた金沢城石川門。すでに水堀はなくなっている。

小松城

石川県小松市丸内町

小松城天守台石垣

1 芦城　浮城
2 不明
3 一向宗
4 門、石垣、堀、土塁
5 ―
6 JR小松駅から徒歩20分

　天正4年（1576）には一向一揆方の若林長門が城主であったとも伝わるが、小松城創築の時期については詳らかでない。同7年の柴田勝家の攻撃で落城し村上頼勝が入城、慶長3年（1598）には丹羽長重がこれに代わる。同5年の関ヶ原役で豊臣方へ付いた長重は、城下の浅井畷にて前田利長と激戦の末敗退。当地は前田家が領するところとなり城代が置かれた。元和一国一城令のため一旦廃城となるが、寛永16年（1639）に前田家第3代の利常が隠居所と定め、再築されることになる。このとき二の丸、三の丸などを増築、石垣を廻らし、天守に相当する御三階櫓もあげている。利常死後も一国一城令の例外として幕末を迎える。明治になり小松懲役所が三の丸におかれ、囚人の役務として城域の埋め立てや取り壊しが行われた。遺構の改変が甚だしいなか、今も石垣が若干残されている。本丸櫓台石垣は、反りのない垂直に近い勾配の切込みハギで必見である。

小松名所　舊小松城天主臺　　　　　　　　　　　●大正期頃
　小松城天守台の石垣、実際には　この天守台よりかなり小さな櫓が建っていたようである。

大聖寺城

石川県加賀市大聖寺錦町

大聖寺城長流亭

1. 錦城、津葉城
2. 鎌倉時代
3. 狩野氏
4. 堀、土塁
5. ―
6. JR大聖寺城駅から徒歩20分

　建武2年（1335）、中先代の乱の際、名越時兼は北陸にて挙兵する。兵をまとめ京へと南下する時兼を狩野氏一族が迎え撃ったのが、標高70mの錦城山に位置する大聖寺城という。戦国初期には一向一揆衆の拠点として機能し、天文24年（1555）に朝倉宗滴が落城させている。天正3年（1575）、柴田勝家が当城を陥落させたのち修築し、戸次広正、佐久間盛政、拝郷家嘉らが相次いで城主となる。同11年（1583）の賤ヶ岳合戦後に溝口秀勝が入部、慶長3年（1598）には山口宗長が旧主小早川秀秋から独立し入城する。宗長は同5年の関ヶ原役にて豊臣方に付き、前田利長から攻撃を受け落城、以降当城には前田家の城代が置かれた。元和一国一城令にて廃城となり、麓に陣屋が築かれ、錦城山はお止め山として立ち入りを禁じられた。そのため公園化された現在も、並行して東西に伸びる三本の尾根を区画した曲輪群が良好な状態で確認できる。

大聖寺舊城　長流亭　　　　　　　　　　　　　●明治後期
　現存しており　当時は藩主の別邸の亭建築として使用されていた。

福井城

福井県福井市大手

福井城本丸石垣

1. 北之庄城
2. 天正3年（1575）
3. 柴田勝家
4. 石垣、土塁、堀
5. ―
6. JR福井駅から徒歩10分

　福井城は、福井平野の中央部に築かれた平城である。城は旧吉野川を濠にみたてて利用し、新川を堀り足羽川とともに外掘とした。城の構成は、本丸を中心に二の丸・山里丸・三の丸・四の丸、さらに堀を幾重にも廻らした輪郭式縄張である。本丸には四層五階の大天守と小天守が建ち並んでいたが、寛文9年（1669）の大火で焼失し、以後天守は再築されなかった。

　柴田勝家は、北陸経営の拠点して天正3年（1575）北ノ庄城を築城。天正11年賤ヶ岳の戦いで秀吉は勝家を敗り、北ノ庄城は落城した。慶長5年（1600）68万石の領主として家康の二男結城秀康が北ノ庄城に入城した。秀康は、翌年から北ノ庄城の北方に新城を築城し、慶長11年に落成した。二代忠直は乱心で流罪となった。寛永元年（1624）50万石で入封した松平忠昌は、この地を福井と命名した。福井城は、越前松平氏の城として明治に至った。

福井城　The Formerly-Castle in Japan.　　●明治後期
二の丸の石垣と堀、現在は残っていない。右下にトンボマーク。

越前福井城跡外堀　A RUINS OF THE FUKUI CASTLE.　●明治後期頃
福井城の石垣と堀。現在は埋め立てられているが、西側の外堀と石垣ではないかと思われる。

福井城ノ内堀　A Caste of Fukui.　●大正初期頃
福井城の石垣と堀。

新築福井縣廳前御本城橋　　　　　　　　　　　　　　　　●大正12年の消印
　福井城跡本丸南側に位置する御本城橋、本丸大手門の入口である。橋はコンクリート製になっている。12.9.4の消印があり、大正12年と思われる。

福井城内　A PART OF FUKUI CASTLE　　　　　　　　●明治43年8月3日の消印
　城内の状況が写されている。本丸内の状況と思われる。

丸岡城

福井県坂井郡丸岡町霞町

丸岡城天守

1. 霞ヶ城
2. 天正4年（1576）
3. 柴田勝豊
4. 天守、門（移築）、石垣
5. ―
6. JR福井駅からバス40分

丸岡城は、現在最古といわれる天守が現存する城である。

丸岡城は、越前平野北部にある独立丘に築かれた平山城である。丘頂に本丸を置き、東に東の丸、北に二の丸を設け、それを囲むように三の丸があり、その外に二重の総構があった。本丸は二段に分かれ、上段に二層二重の天守が建てられた。天守は大入母屋に望楼を乗せた初期型で、初層は大壁に下見板張となっている。

天正3年（1575）一向一揆を平定した信長は、柴田勝家に越前を与え、本拠を北ノ庄とした。勝家は養子で甥の柴田勝豊を豊原に派し、勝豊は、豊原から丸岡に移って築城を始めた。天正11年、賤ヶ岳の合戦で柴田氏は秀吉に敗れ、柴田氏は滅亡した。その後、今村氏、本多氏が入城し、元禄8年（1695）有馬晴純が入封し、明治に至った。天守は昭和23年（1948）の福井地震で倒壊したが、そのままの材料で復元された。ただし、地震前の堀立柱は復元されていない。

THE KASUMI CASTLE MARUOKAMACHI. 越前丸岡町霞ケ城

越前丸岡町霞ケ城　THE KASUMI CASTLE MARUOKAMACHI　●明治後期頃
丸岡城天守　西南面を望む。

越前丸岡霞ケ城
丸岡城天守遠望。

●明治後期頃

丸岡霞ケ城
丸岡城天守　東面を望む。

●明治42年の筆書き

小浜城

福井県小浜市城内

小浜城天守台からの景観

1. 雲浜城
2. 慶長6年（1601）
3. 京極高次
4. 石垣
5. 天守復元計画中
6. JR小浜駅から徒歩25分

慶長5年（1600）、高野山に身を置いていた京極高次は、関ヶ原の戦後、若狭へ加増入封。その居城として築いたのが小浜城である。城域西側は若狭湾に臨み、二本の川とそれらを結ぶ堀によって周囲を囲まれる水城であった。普請に当たっては、まず本丸海側へ捨石をおこなったほどの軟弱地盤である。幕府への手伝い普請などにも煩わされ、工事は容易に進まなかった。寛永11年（1634）に酒井忠勝が就封するまで30余年を経てなお、石垣と幾つかの建物があったに過ぎなかった。忠勝の手で三層天守があげられたのは同13年である。明治になり、この天守以外の建物がすべて失火で焼け落ち、廃城令後は天守までも破却された。本丸を囲んだ四つの郭は、進む市街化で住宅地となり、河川拡張で失われた箇所も多い。本丸は東側こそ小浜神社が建立されたが、他の石垣群は今も良好に残る。現在、天守復元運動が興っており、その動向が注目されている。

若狭小濱城跡　Ruins of Obama Castle, Wakasa　●明治41年11月

本丸の石垣を望む。右側に天守台が少しみえる。本丸は樹木が生い茂っている。右上に農産物のスタンプが押してあり、41年11月と表示されている。今日、石垣下には民家がびっしり建ち、この位置から石垣はみえない（上掲写真）。

小浜城趾の一部　Famous Place,Obama.　　　　　　　　　　　　　　●昭和初期頃
本丸の南面の石垣を東側よりみる。左が天守台。今日、石垣下には民家が建ち並ぶ。

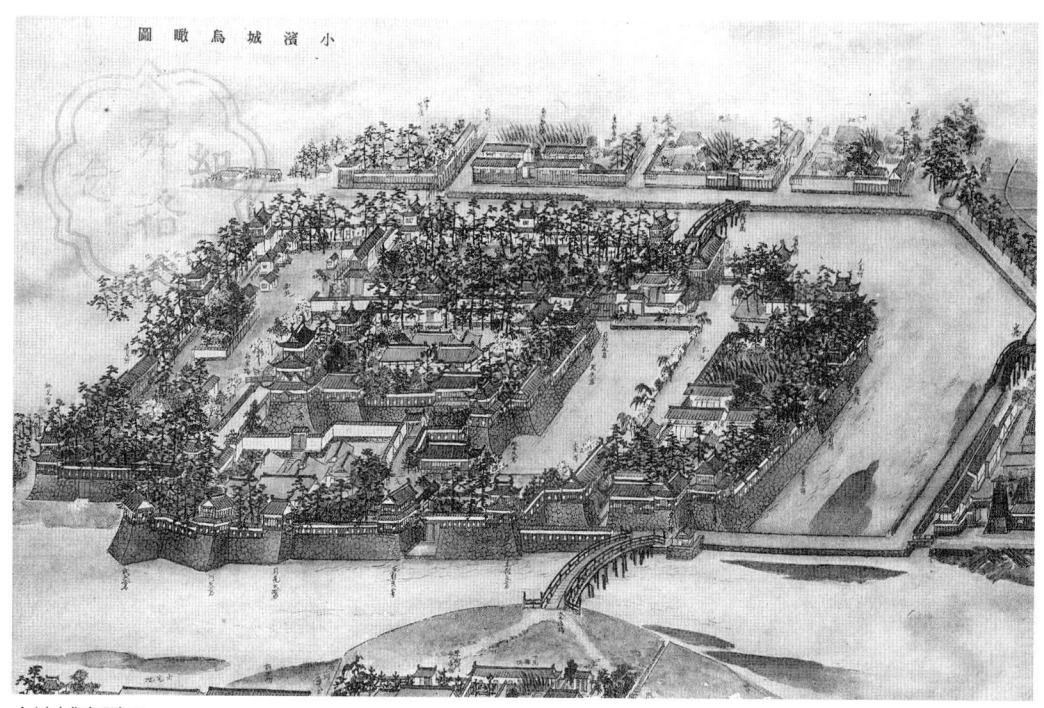

小濱城鳥瞰圖　　　　　　　　　　　　　　　　　　　　　　　　　●昭和初期頃
南側からみた鳥瞰絵図、中央の本丸には三層の天守も描かれている。

甲府城

山梨県甲府市丸の内

甲府城稲荷櫓（復元）

1. 舞鶴城、一条小山城
2. 天正11年（1583）
3. 徳川家康
4. 石垣、水堀
5. 櫓、門
6. JR甲府駅から徒歩5分

甲府城は江戸時代を通じ、江戸の西の押えとなっていた城である。

城は、一条小山に築かれた平山城である。本丸を中心に二の丸、鍛治曲輪、台所曲輪、稲荷曲輪、清水曲などの諸曲輪が階段状に配された階郭式縄張の城である。本丸には天守台があったが、江戸時代には、天守は建てられなかった。石垣はほとんど野面積みによるものであった。

天正10年（1582）武田氏滅亡後、甲斐を領した徳川家康が、平岩親吉に命じて、翌11年から築城工事を始めた。その後、入城した羽柴秀勝、加藤光泰、浅野幸長が築城を続行し、慶長5年（1600）頃完成。浅野氏移封後、徳川氏の一門が相次いで入城した。

宝永元年（1704）柳沢吉保が15万石で入封し、大修築を実施した。吉保の子吉里が大和郡山へ転封となった。以後、甲府城は、幕府の直轄地となり、甲府勤番支配・甲府城代の支配となり、明治に至った。

（甲斐國）舞鶴公園（其壹）（甲府市錦町に在り）Maizuru-Jō Park Kofu, Kai (No1,)

●明治43年の消印

甲府城址南側より本丸・天守曲輪を望む。中央上が天守台。旅館の紀念スタンプが押されている。

（甲斐國）舞鶴公園（其二）（甲府市錦町に在り）Maizuru-Jo Park Kofu,Kai（No2,）

●明治後期

二の丸南側の石垣をみる。前頁の絵葉書下部の記載が同じようになっており、セットものかと考えられるが、裏面の形式が弱冠違っている。

（甲府名所）舞鶴城　　　　　　　　　　　　　　　　　　　　　　●大正後期～昭和初期

天守曲輪の南側石垣をみる。右上段は本丸の石垣。

甲府舞鶴城 ●大正 1 年 12 月 31 日の消印
楽屋曲輪南面の石垣と堀を西側よりみる。中央奥の橋が大手門への通路。大正 2 年元旦の年賀状である。

共進會正門 ●明治 39 年 11 月 10 日共進會紀念のスタンプ
明治 39 年に開催された 1 府 9 県連合共進会。本丸天守台上に城郭風の建物が建っている。

松代城

長野県長野市松代町

松代城太鼓門（復元）

1. 海津城、貝津城、待城、松城
2. 天文～永禄期
3. 武田信玄
4. 石垣、堀、土塁
5. 門、橋、石垣、堀、土塁（復元）
6. JR長野駅からバス30分

海津城と呼ぶほうが、むしろ馴染みであろうか。当城は天文22年（1553）、武田信玄が山本勘助に命じ築いたともいうが、諸説あり定かでない。戦国史に名高い川中島の地に至近であり、信濃経略の重要拠点であった。武田氏滅亡ののち森長可が入城するも、直後に本能寺の変が発生、未だ人心定まらぬ当地を捨て撤退する。徳川政権下にて長可の弟忠政が入封し、待つこと久しいとの意から待城と命名したという。のちに松城、松代と改名が続き、以後松代城と呼ばれ明治維新を迎える。平城ながら、千曲川の流れを天然の堀とした。特徴的なのは三日月堀と丸馬出を有し、何重にも堀が巡らされた複雑な縄張りであったこと。武田氏時代土塁であったものを近世に石垣へと修築している。近代となり、火災と破却で本丸の石垣などを残し他の遺構はほぼ煙滅していた。平成7年（1995）年より整備事業が開始され、現在までに櫓門や木橋、土塁や堀、そして石垣も復元されている。

（松代名勝）山本勘助ノ築ク海津城址　●昭和戦前
松代城本丸跡を西南側よりみる。樹木が生い茂っていて建物はみられない。

舊城趾　信濃國松代町　　　　　　　　　　　　　　　　　　　　　　　●明治後期頃

本丸の石垣と思われるが、写真も鮮明ではないため、位置関係ははっきりしない。

松代城址　　　　　　　　　　　　　　　　　　　　　　　　　　　　●昭和初期頃

本丸の石垣を内部からみる。本丸内部から西側を撮ったもので右側が北西隅にあった戌亥櫓の石垣台。

松本城

長野県松本市丸の内

松本城天守

1. 烏城
2. 永正元年（1504）
3. 小笠原氏
4. 天守、石垣、土塁、堀、二の丸土蔵
5. 黒門、太鼓門（復元）
6. JR松本駅から徒歩20分

松本城は、連結式天守群を残す城である。城の構成は、本丸を中心とし、本丸の東・南・西の三方を二の丸が廻り、その回りを三の丸が囲む輪郭式縄張である。天守は、大天守・渡櫓・乾小天守・辰巳櫓・月見櫓からなり、月見櫓は、寄棟造り、他は入母屋造りの瓦葺である。大天守は、五層六重、塔層式で勾欄回縁はついてない。外面は長押より上は白漆喰塗籠で、黒下見板張りであり、黒い天守という印象が強い。

松本の地は、古く深志と呼ばれ、松本平の中心として国府が置かれていた。戦国時代初期は小笠原氏が支配していたが、武田氏の信濃侵攻後、武田氏の信濃経営の拠点となった。

天正10年（1582）武田氏が滅び、ついで徳川氏の支援で小笠原貞慶が旧領を回復した。

天正18年、家康の関東移封に伴い、石川数正が入封し、松本城を築城した。数正の子康長の代に完成。江戸時代は親藩・譜代の大名が入封し、明治に至った。

松本城（信濃）The Formerly-Castle in Japan.　　●明治後期
東北側より天守群を望む。右手前石垣は本丸東北の隅櫓石垣台。右下にトンボマーク、宛名面には発行者名は記載されていない。

(日本古城集ノ内)信州松本城　MATSUMOTO CASTLE, SHINANO.　●明治後期
天守群を南西よりみる。中央に大天守、右に辰巳付櫓・月見櫓、左に乾小天守と埋門石垣。

信州松本城　●明治44年1月22日の消印
東南側より天守を望む。天守下部には足場が組み立てられている。修理工事中の状況と思われる。

上田城

長野県上田市二の丸

上田城本丸南櫓と東虎口櫓門（復元）

1 尼ヶ淵城 真田城
2 天正11年（1583）
3 真田昌幸
4 櫓、石垣、土塁、堀
5 門（復元）
6 JR上田駅から徒歩10分

　上田城は、千曲川段丘の要害の地を占め、千曲川に臨む尼ヶ淵に聳え立つ段丘上に築かれた城である。城は断崖を背にして本丸を設け、それを囲んで二の丸があり、西には古城の小泉曲輪が二段あり、東には屋敷構が二つあった。本丸には、真田氏時代は天守建築があったと思われるが、江戸時代には天守はなく、土塁には七ヶ所に二重櫓があった。

　天正11年（1583）戸石城にいた真田昌幸が築城した。同13年徳川家康は、沼田領を北条方に引き渡すように真田氏に要求した。これを真田昌幸は拒絶し、家康は8,000の兵を上田に送った。昌幸は、3,000ほどの兵で迎えうち、家康勢を追い散らした。これにより、真田昌幸と上田城は有名になった。元和3年（1617）真田信之は松代へ転封となり、仙石政明が入城し、二の丸・三の丸を改修、拡張し、土塁を石垣に虎口を桝形に改め、近世城郭となった。宝永3年（1706）松平忠周が入城し、明治に至った。

上田城趾　　　　　　　　　　　　　　●明治後期頃
手前右側が東虎口址で中央が南櫓の石垣台、左奥に西櫓がみえる。

（信州）上田城　THE UEDA CASTLE, SHINSHU.　　　●明治45年3月29日の消印
南側の尼ケ淵より本丸を望む。左側に西櫓、右奥に南櫓の石垣台がみえる。

上田八景　上田城址　　　　　　　　　　　　　　　　　　●昭和初期頃
本丸西櫓の西南面近景、現存櫓である。

（上田名勝）眞田城趾　A RUINS OF SANADA CASTLE NAGANO.　●明治後期〜大正初期
上田城西櫓東面を望む。周囲には建物は見当たらない。後ろには信州の高い山々が連なっている。

上田中學校　THE UYEDA MIDDLE SCHOOL.　●明治41年6月6日の消印
三の丸にあった藩主の御屋形跡、表門や塀、堀がみえる。現在は上田高等学校の敷地になっており、表門と塀が残っている。

小諸城

長野県小諸市丁

小諸城三の門

1. 酔月城、穴城、白鶴城、鍋蓋城
2. 天文23年（1554）
3. 武田信玄
4. 大手門、三之門、天守台、石垣
5. ―
6. JR小諸駅から徒歩5分

　小諸城は、島崎藤村の「小諸なる古城のほとり…」で始まる「千曲川スケッチ」で有名な城である。浅間山の裾が千曲川に迫って断崖をなし、幾つもの深い渓谷があり、その一端を利用した城である。城は、台地の先端に本丸を置き、その東に二の丸、三の丸を連ねていた。千曲川に臨む断崖を背に当てた後堅固の城である。本丸のほぼ中央に野面積みの石垣の天守台があり、天守は三層であった。

　鎌倉時代には小室氏と称する豪族が館を構えていたといわれる。天文23年（1554）信濃・上野進出の拠点として武田信玄が築城。武田氏滅亡後、織田氏、北条氏が領有し、徳川氏がこれをとって、依田康国が封じられた。天正18年（1590）家康の関東転封後、中仙道の押えとして仙石秀久が封じられた。慶長5年（1600）関ヶ原合戦には上田城攻めの本陣となった。以後、小諸城には、中仙道の要地であったため、譜代大名が封ぜられ、明治に至った。

小諸城三ノ門景　　　　　　　　　　　　　　●明治後期頃
小諸城三の門、明治後期頃の状況と思われる。人力車や着物を着た人々が見られる。

龍岡城

長野県佐久市田口

龍岡城御台所

1. 田野口陣屋、桔梗城
2. 慶応2年（1866）
3. 松平乗謨
4. 台所櫓、石垣、土塁、堀
5. —
6. JR臼田駅・龍岡城駅から徒歩30分

信州佐久に小さな星形の城がある。函館にある五稜郭を小型にした城郭である。築城は、三河国奥殿藩主で、幕府の海軍総裁、陸軍総裁をつとめた松平乗謨により、文久3年（1863）9月より始められ、三ヵ年の工期を経た慶応2年12月に普請が終え、建物など作事が竣工したのは、翌3年4月のことであった。乗謨は交替寄合である大身旗本から幕閣に参画、幕府軍にフランス式兵制度を導入、西洋築城学と兵法を学んだ。

奥殿陣屋にあった乗謨は、実践的に西洋砲術主眼の築城を、この臼田で行った。乗謨の代に奥殿大給松平氏は72,200石の加封を得て大名となったのを機会に、城郭経営を行ったのである。石垣は函館五稜郭と同じ跳出式石垣で、上部に土塁を盛った。星形平面を区画する堀は、城下町側を水堀、段丘辺に面する方を空堀として、武家屋敷街に入る出入口に桝形虎口を石垣で組みあげ、中山道方面への守りとした。完成直後に明治になり、廃城。今日、建物は台所櫓を残すのみである。

長野縣南佐久郡田口村龍岡城趾五稜廓　御台所　●昭和初期

龍岡陣屋　御台所、現在も残っている。外壁は柱がみえる真壁になっており、窓は　改造されているようである。渡り廊下がつながっているので小学校として使われていた時代か。

飯山城

長野県飯山市大字飯山

飯山城櫓門

1 ―
2 室町時代か
3 泉氏
4 石垣、移築櫓門
5 ―
6 JR北飯山駅から徒歩3分

　上杉謙信は、信濃に勢力を伸ばしてきた武田信玄に対峙する前線、また北信濃計略の拠点として重視。謙信は、当地を領した泉氏の小城を、永禄7年（1564）頃に大改修。信越国境を固め、春日山城からの防衛線の一端を担わせる。謙信死後勃発した御館の乱終息後は武田勝頼に領される。近世の徳川幕政下、多くの大名が入れ替わり当城に入る。享保2年（1717）年以降は明治維新まで本多氏の領有が続く。戊辰戦争では、旧幕軍側の衝鋒隊により攻撃されるが、これを撃退している。千曲川沿いの丘陵を占地し、断崖上南端に本丸を設けている。これより北に二の丸、三の丸と段々に高低差を付け、本丸西側にも西郭を置く階郭式の平山城であった。本丸には二層櫓が二基あげられていた。現在、本丸には葵神社が建立され、二の丸は城址公園となっている。本丸、二の丸間の石垣は見事に残されており、本丸虎口の桝形空間も明瞭に確認できる。

（信濃飯山）城山公園葵櫻　●明治後期頃

飯山城址の石垣。下に背広で正装した人々が写っているようである。絵葉書の縁はエンボス加工で模様がついている。

（信濃飯山）舊城趾　　　　　　　　　　　　　　　　　　　　●明治後期頃
　千曲川から望む飯山城跡。左上に石垣らしきものが見える。この絵葉書も周囲の縁がエンボス加工されている。

飯山城本丸（昭和41年、西ケ谷恭弘撮影）

古写真にみる日本の城 ②

美濃岐阜城　明治41年発行
　　　最新日本名所三百景写真帖
　岐阜城と記載されているが大垣城の写真である。天守上部が見える。

和歌山城
　　　日本史蹟寫眞集（徳川家康）
　和歌山城望遠。中央に天守、右端に岡口門。

安藝廣島城
明治41年発行 最新日本名所三百景写真
　広島城天守。手前に東小天守が続いている。広島城東小天守の写真は、近年発行された書籍により知れわたってきたが、このように明治期の写真帖には掲載されており、お城ファンの目には留まらなかったようである。

東海の城

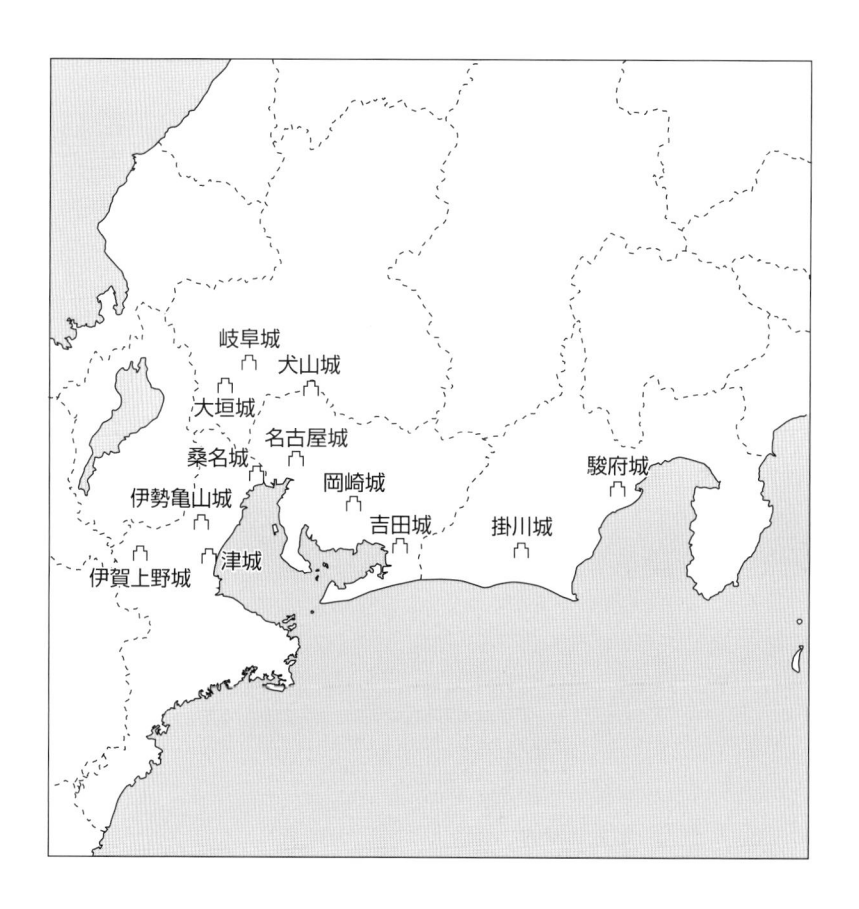

駿府城

静岡県静岡市城内

駿府城復元二の丸巽櫓

1. 府中城、静岡城
2. 天正13年（1585）
3. 徳川家康
4. 石垣、堀
5. 櫓、門
6. JR静岡駅から徒歩10分

現在駿府城のある地には、二度城郭が築かれている。初めの築城は、今川氏の拠った今川館で駿河今川氏の本拠地であった。永禄11年（1568）今川氏真が武田信玄によって駿河を追われると今川館も機能を失ない、天正10年（1582）武田氏の滅亡によって駿河を手に入れた徳川家康はこの地に新城の築城を行った。同17年に駿府城は完成したが同18年の関東移封によって家康はこの地を離れることとなる。

関ヶ原の合戦によって天下を手中にした家康は隠居城として大規模な拡張改修を行なった。総石垣の完成された近世城郭で、五層七階の大天守を上げた、江戸城と並ぶ大城郭であった。家康の死後、頼宣・忠長が入るが、以後幕府の直轄とされ駿府城代がおかれた。

明治期には陸軍用地とされ本丸の堀が埋められるなど変貌をとげたが、発掘調査によってその旧状が明らかとなり、また巽櫓と二の丸東御門が復元されている。

（静岡名所）　駿府城趾　歩兵第三十四聯隊　Infantry-regiment castle site Shizuoka.
●昭和戦前

東南側より二の丸を望む。東御門付近と二の丸周囲の堀。橋は東御門橋、左の石垣は巽櫓の台。城内には軍の建物がみえる。

静岡　城代橋附近　JYODAIBASHI SHIZUOKA　●昭和初期頃
堀に架かる橋は廃城時にはなく、明治時代にできた橋である。奥のほうが大手門の位置になる。

静岡　舊城趾　OLD CASTLE SHIZUOKA　●昭和初期頃
二の丸御門付近と思われる。堀を渡る木橋が架かっていたが、この写真では写っていない。南面を東側からみる。

（静岡名所）　舊城趾及ビ師範學校ヲ望ム　Shizuoka Meishiyo　　　　●大正初期頃
二の丸御門付近で前ページの写真の撮影位置を変えたもの。南面を西側よりみる、木橋が写っている。

（静岡名所）　舊城地　Famous Places　　　　●大正15年の消印
駿府城二の丸東御門跡。現在東御門は復元され、中央に写っている東御門橋も復元された新しい橋に変わっている。

掛川城

静岡県掛川市城下

掛川城復興天守

1. 懸川城、懸河城、雲霧城、松尾城
2. 文明年間
3. 朝比奈泰煕
4. 二の丸御殿、太鼓櫓、石垣、土塁、堀
5. 天守、門
6. JR掛川駅から徒歩7分

　平成6年、掛川城天守が木造で復原され、話題を集めた。復原された天守は三層で白亜総塗籠、山内時代の天守は下見板張であったと考えられるが、木造による復原は意義深いものである。また天守復原と同時に天守曲輪を復原した。また移築されている大手門と番所は旧位置に復原された。現存する二の丸御殿同様なかなか見ごたえがある。

　掛川城が築かれたのは、室町期朝比奈氏によるが、近世城郭として再生したのは天正18年(1590)から始まる山内一豊の築城による。城は、標高50mの竜頭山に本丸をおき、二の丸・三の丸・松岡曲輪・外曲輪を山下に配する平山城であった。

　一豊が土佐に移封になると、その地理的重要性から譜代大名が配され、太田氏で明治を迎えた。この間、慶長9年(1604)、嘉永7年(1854)の二回の大地震によって大破したが共に復旧された。天守に関しては、嘉永の地震後は再建されず、今回の復元は3度目となる。

緑橋ヨリ龍尾城跡ヲ望ム
●明治後期頃

掛川城、二の丸御殿を望む。二の丸御殿は明治に入って学校や役場として使用されていた。現存しており、国の重要文化財に指定されている。

龍尾城跡（掛川） ●明治後期頃
掛川城、二の丸御殿近景。全国的にも数少ない現存御殿建築である。

掛川舊城趾 ●昭和初期頃
掛川城二の丸御殿西面をみる。縁側外周には手摺が付いている。

掛川天守臺遠望　　　　　　　　　　　　　　　　　　　　　　●昭和初期頃
　掛川城を望む（左側の小高い部分）。

天守臺ヨリ見タル掛川　　　　　　　　　　　　　　　　　　　●昭和初期
　城跡より西側市街を望む。左側の川は逆川。

名古屋城

愛知県名古屋市中区本丸

名古屋城外観復元天守群

1. 金鯱城、金城、柳城、亀屋城、蓬左城
2. 慶長15年（1610）
3. 徳川家康
4. 西北隅櫓、東南隅櫓、西南隅櫓、表二之門、二の丸大手二之門、二の丸東二之門、石垣、土塁、堀
5. 大天守、小天守、西の丸正門、本丸不明門（復元）
6. 名古屋市営地下鉄市役所駅から徒歩5分

慶長14年（1607）、徳川家康の九男義直は清州城に入るが、翌年より名古屋築城が開始される。いわゆる天下普請だ。豊臣家恩顧の西国諸大名に普請が命じられた。石垣に今も残る多種多様な刻印は、多くの大名が石材調達、石垣普請に割り当てられたことを示す。交通の要衝の清州から名古屋に城地を移したのは、大坂の豊臣家を意識した上である。一戦に及んだ際、大軍を収容するのに清州城は狭小で、広い空間が求められていたのだ。当時の著しい武器の進展も背景にある。本丸南側を覆う広大な三の丸を設け、大砲の被害を最小に抑えることを狙う。北側には低湿地が広がり、重砲は侵入することすらできないため、当地に新城を築いたのである。織田信長の生誕地で、長く信長が在城した那古野城の跡地であったことも一因か。金鯱で有名な五層六階の大天守は、第二次大戦時に米軍の空爆で大炎上し、今は連結する小天守とともに外観のみ復元されている。

（表題の記載なし）　　　　　　　　　●明治39年5月20日の消印
名古屋城北東側より本丸を望む。右・大天守、左・丑寅櫓、手前は御深井丸北面の石垣。丑寅櫓は戦災で焼失した。

名古屋金城 Nagoya Castle. ●明治後期
この写真は左右逆（鏡面）になっている。正確には北側より天守を望んだもので 後ろに小天守がみえる。手前は御深井丸の石垣と堀。

（名古屋名所）名古屋城天守閣　TENSHUKAKU OF THE NAGOYA CASTLE　●明治後期
大天守・小天守南面。手前に本丸御殿の屋根の一部がみえる。

（名古屋名所）金城　The Golden Castle.（A famons scene in Nagoya）　●明治後期
大天守西面をみる。手前は御深井丸の石垣。

（名古屋名所）名古屋金城（離宮）　●明治後期
本丸北面を東側よりみる。奥より大天守、多聞櫓。左手前に丑寅櫓（東北隅櫓）の一部がみえる。多聞櫓は明治24年の濃尾大地震で倒壊・撤去されたので、それ以前の写真を絵葉書にしたものと思われる。本丸北面の腰壁が下見板張であることに注目されたい。

（名古屋百景）名古屋城　Castle at Nagoya. ●明治後期

　本丸内部の状況を東南側よりみる。右奥　大天守、左　小天守、手前は本丸御殿の建築群。北側の多聞櫓も写っているので（左端上）、明治24年以前の古写真である。

國寶名古屋城内庭 ●昭和初期

　本丸御殿玄関、奥に大天守の上層部がみえる。左は表一の門の一部。

第三師團觀兵式寛祝 ●明治41年5月28日の消印
名古屋城北東側より本丸遠望。中央に大天守、その左に小天守、左端は丑寅櫓。城内は軍隊が使用していたため　このような写真が残る。

（名古屋名所）離宮御門　GATE OF THE DETACHED PALACE ●大正初期頃
西の丸の榎多聞跡に建っている移築門と奥に大天守。明治後期に江戸城の蓮池門を榎多聞跡に移築していたが、昭和20年の戦災で焼失。現在は復元されている。

機上ヨリ見タル名古屋城　AERIAL VIEW OF NAGOYA CASTLE　　●昭和戦前

南側やや東寄り上空から名古屋城本丸を望む。大小天守をはじめ各隅櫓や表門、東門、本丸御殿がみえる。

飛行機上ヨリ撮影シタル名古屋市街（名古屋金城附近）　　●昭和初期

南側上空より名古屋城遠望。写りは鮮明ではないが、大小天守や櫓、石垣、堀などの状況がわかる。

犬山城

愛知県犬山市犬山北古券

犬山城天守

1. 白帝城
2. 文明元年（1469）
3. 織田広近
4. 天守、石垣、土塁
5. 櫓、門（模擬）
6. 名鉄犬山駅または犬山遊園駅から徒歩15分

　木曾川南岸に聳える標高80mの丘陵上に犬山城天守はある。犬山城天守は、現存12天守のうちの1つで、三層五階地下一階の望楼式天守で、天守建築の古い様式を残し、現存最古の天守といわれてきた国宝天守の1つでもある。木曾川上流の金山城から移築されたという伝承があったが、昭和の解体修理によって移築の痕跡が認められなかった。更に上層と下層との建築年代に差異が認められたのである。

　現在みる犬山城の築城は、慶長5年（1600）石川光吉のときから始まる。丘陵上に本丸をおき、杉の丸・樅の丸・桐の丸・松の丸と南側に曲輪を配し、山下に城下をひらく平山城の形式をとる。

　慶長12年（1607）家康の九男義直が清須城主となり、平岩親吉が補佐役として犬山城に入った。元和3年（1617）には、名古屋城の支城として、尾張徳川家の家老成瀬氏が入城、以来成瀬氏の所有となっていたが、近年犬山市の管理となった。

犬山城　●明治後期〜大正初期
西北側から木曽川越しに犬山城を望む。最上部に天守がみえるが他の建物はみあたらない。

犬山城　●昭和初期

天守南面近景。右側の付櫓部分は濃尾大地震で失われたため、二層目に屋根形状のみ付けている。現在、付櫓は復元され、もとの姿に戻っている。

尾張　犬山城の雪景　●明治後期頃

犬山城天守を下から望む。

岡崎城

愛知県岡崎市康生町

岡崎城復興天守

1. 龍城
2. 享徳元年（1452）
3. 西郷稠頼・頼嗣
4. 石垣、堀
5. 天守、門
6. 名鉄東岡崎駅から徒歩15分

徳川家康誕生の地として知られ、それゆえ江戸時代には特別な意味を持った城が岡崎城である。

創築は松平氏ではなく、三河守護代家の一族であった西郷稠頼である。享徳元年（1452）より康正元年（1455）にかけて築城されたという。しかし、文明元年（1469）松平信光と争い、結果信光の次男光重を養子に入れ名跡を継がせることとなった。こののち三代の松平氏がつづくが、大永4年（1524）安祥松平清康が岡崎の信貞を追い岡崎城を手にした。この家系が家康を生むこととなる。

この松平氏も今川氏の勢力下に組み入れられるが、今川義元の死によって解放された松平元康（徳川家康）は岡崎に入城、元亀元年（1570）までこの城を拠点とした。

岡崎城は度々改修が行われ近世城郭へと変貌したが、現在城址には石垣と堀を残し当時の建築物はない。天守を始め櫓・門が新たに建てられているが観光の城を出ない。

三河（岡崎名所）岡崎城趾
岡崎城址南側の石垣と堀。

● 1906（明治39年）のスタンプ印

岡崎名勝　展望佳麗なる舊城趾岡崎公園と天守趾　●昭和初期

本丸（上段）と風呂谷曲輪（下段）、堀を望む。上段やや左寄りの石垣は本丸月見櫓台。

（三河）岡崎舊龍ヶ城址　●明治後期頃

岡崎城址の石垣。上の絵葉書の写真とほぼ同じ位置と思えるが、右下に橋が架かっている。

吉田城

愛知県豊橋市今橋町

吉田城本丸の復興隅櫓

1. 今橋城、吉祥郭、峯野城、歯雑城、豊橋城
2. 永正2年（1505）か
3. 牧野古白
4. 石垣、堀、土塁
5. 模擬櫓
6. 豊橋電鉄市内線豊橋公園前停留所から徒歩5分

　吉田城の前身は、永正2年（1505）頃、当時今川氏に服属していた一色城主牧野古白を中心に築城した今橋城だ。今川氏と西三河松平氏との抗争の渦中、牧野氏と戸田氏の間では当城争奪戦が繰り返される。吉田城への改名は、大永年間に古白の子信成が支配を取り戻した頃とも、天文年間に今川義元がおこなったものともいう。桶狭間の合戦で義元敗死後、徳川家康は当城を攻め落とし三河支配を確立した。家康の関東移封後、池田輝政が城主となり大改修に着手する。大身に相応しい石垣を用いた城郭へと変貌させていたが、関ヶ原の役後、竣工を待たず輝政は姫路へ転封となる。徳川幕政下では、城主が頻繁に入れ替えられ、財政面でも苦しい小大名が続いたため、改修は未完のまま終わった。慶長末期以降積まれた石垣には、名古屋城築城時の余剰石材を転用しており、今も刻印石が多く見受けられる。昭和期になり、本丸鉄櫓址に模擬櫓が建てられている。

（豊橋名所）舊吉田城跡　　●昭和戦前
豊川から本丸を望む。当時の建物はなく、石垣だけが残っている。

(吉田城内史跡) 入道櫓
吉田城本丸入道櫓跡付近の状況。

●大正後期

（吉田城内史跡） 入道櫓 （一歩八）

昔ノ吉田城

●昭和初期

昔ノ吉田城 （一歩八）

明治初年の古写真を絵葉書にしたもの。城郭古写真本でよくみかける写真である。右より川手櫓、北多聞櫓（上）、入道櫓（左端）、下段に多聞櫓と水手門。

岐阜城

岐阜県岐阜市金華山公園

岐阜城復興天守

1. 稲葉山城
2. 建仁元年（1201）
3. 二階堂行政
4. 曲輪、石垣、土塁、堀切
5. 天守、門
6. JR岐阜駅・名鉄岐阜駅からバス15分

　昭和31年に復興された岐阜城天守の建つ金華山は、古くは稲葉山と称され、建仁元年（1201）二階堂行政によって築かれた中世山城であった。室町期には、美濃守護土岐氏の重臣であった斎藤氏の持城となり、斎藤氏代々の居城となった。文安2年（1445）斎藤氏は加納城を居城とし、稲葉山城を捨てた。戦国期に至って、斎藤道三により稲葉山城は戦国城郭として生まれ変わるのである。

　天文3年（1534）道三の入城から、義龍・龍興の三代に亘り美濃の府城となった稲葉山城であるが、永禄10年（1567）織田信長の軍により落城。城は大改修をうけ城郭史の画期を示す新たな城、岐阜城が誕生した。

　信長の岐阜城は石垣造りで、山上と麓に2つの天守をもつ城であった。その壮麗さは宣教師によって海外にまでも紹介された。

　現在は調査もすすみ、麓の居館部が整備され、石垣遺構の一部をみることができる。安土城の完成は岐阜城に始まったといえる。

（岐阜名勝）金華山天主閣　GIFU JAPAN　　　　●明治後期
明治43年に加納城御三階櫓の古図をもとに山上に建てられた模擬天守。

金華山頂（海抜千百六十尺）ノ岐阜古城趾天守閣　The Castle Top of Kinkwasan,Gifu

●明治後期

　明治43年に建てられた模擬天守。昭和18年に焼失している。岐阜城のこの模擬天守の絵葉書はよくみられる。

金華山頂（海抜千百六十尺）ノ岐阜古城趾天守閣　THE CASTLE ON THE TOP OF KINKWA-SAN,GIFU

●大正初期

　岐阜城模擬天守近景。

大垣城

岐阜県大垣市郭町

大垣城外観復元天守

1. 麋城、巨鹿城
2. 天文初年、永禄6年（1563）
3. 氏家卜全
4. 石垣、曲輪
5. 天守・乾櫓・艮櫓（復元）・門
6. JR大垣駅から徒歩10分

　大垣城は、関ヶ原合戦の前夜、石田三成が入ったことで知られる。三成は、東軍徳川勢に対し、いち早く大垣城を占拠し籠城の囲えをみせた。慶長5年（1600）9月14日、西軍は関ヶ原へ軍を進め翌15日、主戦場は大垣から関ヶ原へと移り合戦が繰り広げられた。大垣城でも守城兵と包囲軍の戦闘が行われ、主戦場同様徳川軍の勝利となり開城された。

　大垣城の創築は諸説あるが、永禄6年に氏家卜全によって主郭部が整えられ、天正18年（1590）に入城した伊藤祐盛によって天守他外郭の築城がされたとみられる。石田三成が当初徳川家康との決戦を考えた大垣城は伊藤祐盛によるものであった。合戦後、大垣城には譜代大名が入れ替り、戸田氏によって明治を迎える。その間、数度の改修を受け昭和20年戦災で焼失するまで天守他の建築が残されていた。現在それらの一部が復元され、主郭部は整備保存されている。

大垣城ノ遠望（大垣市）　　　　　　　　　　●昭和初期
昭和初期頃と思われる大垣市内の町並み。右方向に天守が幽かにみえる。

國寶大垣城全景
本丸内側よりみた天守と付櫓、南東面。

●昭和戦前

景全城垣大寶國

大垣城　Ogaki Cattik（Mino Japan）
本丸天守と付櫓、南西面。右は二の丸石垣。

●明治41年9月16日の消印

大垣城（大垣名所） ●昭和初期
本丸天守北西面、南側と東側に付櫓が接続している。

大垣城　The Ogaki Castle ●昭和戦前
左手前は本丸帯曲輪北東隅にあった丑寅櫓・同続多聞櫓。右後方は天守。両建物共 戦災で焼失した。

津城

三重県津市丸之内

津城模擬隅櫓

1. 安濃津城
2. 元亀2年（1571）、慶長16年（1611）
3. 長野信良（織田信包）、藤堂高虎
4. 石垣、堀
5. 隅櫓（模擬）
6. 近鉄津新町駅から徒歩10分

　津城は、安濃川・岩田川に挟まれた、伊勢湾に面する平野部に築かれた平城である。
　織田信長は、伊勢地方平定に際して、北畠氏に二男信雄を、神戸氏に三男信孝を養子に出し有力氏族を吸収していった。信長の弟信良が養子に入ったのが、長野城主であった長野氏であった。信良は元亀元年（1570）上野城を築いたが、翌2年津に新たに城を築き始めた。築城工事は天正8年（1580）までかかり、五層の天守をみて完成となった。信良はこの間、名を信兼と改め、城の完成後長野家内を統一して、織田信包と改名した。
　信包はこののち、文禄3年（1594）丹波柏原に減封となり、津城には富田氏を経て慶長13年（1608）藤堂高虎が入った。同16年から高虎は津城の修築を行い、本丸の拡張、櫓の建築、城下町整備などをおこなった。
　現在、模擬の三重櫓が建てられ、本丸、西の丸の石垣と堀の一部が残されている。

伊勢津　津城址　THE REMAINS OF THE OLD CASTLE,TSU,ISE　●明治後期頃
津城　石垣と堀。左端が本丸戌亥櫓石垣台、その奥に西の丸がみえる。

（日本古城集ノ内）伊勢國津城址　TSU ALD CASTLE,ISE.　　●明治後期
津城、西の丸入口付近の石垣と木橋。

津市城趾　　●昭和初期
津城本丸の石垣を望む。中央に天守台、手前は本丸の内堀。

伊賀上野城

三重県伊賀市上野丸之内

伊賀上野城復興天守

1. 白鳳城
2. 天正13年（1585）、慶長16年（1611）
3. 筒井定次、藤堂高虎
4. 石垣、堀
5. 天守（模擬）
6. 伊賀鉄道上野市駅から徒歩10分

　天正13年（1585）大和郡山城主であった筒井定次は伊賀国へ移封となった。定次は早速築城を始め、三層の天守をもつ上野城を文禄年間に完成させた。関ヶ原合戦後、慶長13年（1608）定次は失政を理由に領地を没収され、この地には藤堂高虎が今治より移封された。これは一説に、大坂の豊臣秀頼と豊臣大名への牽制として、大坂を取り巻く城郭配置を完成させるためといわれる。

　高虎は慶長16年より上野城の大規模な改修工事を始めた。地元で日本一と誇る石垣もこのとき築かれた。上野城は未完の城であったが、石垣は主に西側から築かれ、堀も西側に新たに穿たれたことから大坂方を意識した築城といわれる。天守も五層のものが建築中であったが、完成間近に大風で倒壊し、再建前に大坂夏陣で豊臣家が滅びたために築城工事が中止されたという。現在天守台上に建つ模擬天守は、昭和10年に建てられた、模擬天守としては珍しい木造の建物である。

伊賀上野　白鳳城跡　　　　　　　　　●明治後期頃
本丸西面の高石垣と堀。藤堂高虎が築城した　みごとな高石垣が今も残っている。

（伊賀名所）上野丸の内公園白鳳城城古蹟　其二　　　　　　　●昭和初期
　伊賀上野城址の本丸一部とみられる石垣。

武庫及黒門并天守臺の一部　　　　　　　　　　　　　　　　　●明治後期
　明治六年撮影と記載されているので、伊賀上野城　当時の古写真を絵葉書にしたものであろう。
　二の丸武具蔵、後方右側に本丸の石垣がみえる。

城内本丸御殿 ●明治後期

　この絵葉書も明治六年撮影となっている。本丸御殿と記載されているが、上野城二の丸伊賀御屋敷の明治初期の状況である。

丸の内大名小路 ●明治後期

　この絵葉書も明治六年撮影となっている。3枚とも伊賀史談会の発行である。

伊勢亀山城

三重県亀山市本丸町

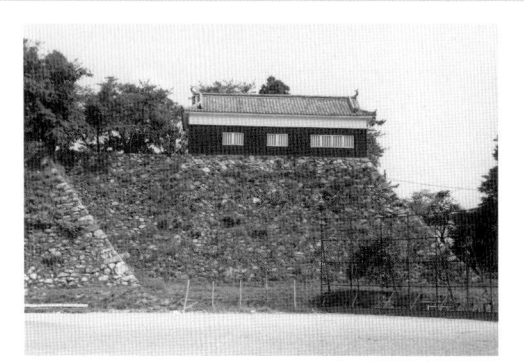

伊勢亀山城多聞櫓

1 粉蝶城
2 文永元年（1264）、天正18年
3 関実忠、岡本宗憲
4 多聞櫓、石垣、堀
5 塀（模擬）
6 JR亀山駅から徒歩10分

　伊勢亀山城は文永元年（1264）に関実忠によって築かれたといわれるが、このときの城地は若山という地で、現在の亀山城の地ではない。現在の地に城を築いたのは、岡本宗憲で天正18年（1590）のことである。
　この年2万2,000石でこの地に入封した宗憲は、関氏の亀山城が荒廃していたため、秀吉の許可を受け新城を築城した。この城は現在の丘陵上に築かれ、三層の天守もあげられていたという。この天守は、数代後の寛永9年（1632）三宅康盛の時に、幕府の命をうけた堀尾忠晴によって解体されたという。この時の天守解体は、堀尾忠晴が丹波亀山城と伊勢亀山城を誤って行ったという、奇妙な逸話が残されている。
　この後寛永13年（1636）に本多俊次によって改修が行なわれた。現在残されている多聞櫓はこの時に天守台上に建てられたという。こののち数氏を経て延享元年（1744）に入封した石川氏が明治を迎えた。

亀山城跡（其一）The remains of the Kameyama Castle　　●明治後期～大正初期
伊勢亀山城　南側より堀と本丸遠望。石垣上に多聞櫓がみえる。

維新前の龜山藩御殿 ●昭和初期
　明治初期の二の丸御殿の古写真を絵葉書にしたものである。

現存セル龜山城趾 ●昭和初期
　現存している本丸多門櫓東面。腰壁の下見板は明治に入って改造されたものである。

桑名城

三重県桑名市吉之丸

桑名城本丸石垣

1. 旭城、扇城
2. 慶長6年（1601）
3. 本多忠勝
4. 石垣、堀
5. 蟠龍櫓（外観復元）
6. JR・近鉄桑名駅からバス5分

　桑名の地には、鎌倉時代に桑名三郎行綱の舘があったとも伝えられるが、詳らかではない。戦国時代、当地には三か所の土豪城館が存在した。天正2年（1574）に織田信長が当地を制圧したのち、これら三城は滝川一益が配下におさめた。その後は頻繁に支配者が入れ替わり、慶長6（1601）に本多忠勝が十万石にて就封。忠勝が、揖斐川河口近くに築き上げたのが桑名城である。五層天守をはじめ、櫓51基、多門櫓46基、埋門2箇所、水門3箇所が設けられた大城郭である。城域北端には渡船場を設け、東海道で唯一の海上路である七里の渡しを形成している。本多家の姫路転封以後、久松松平家、奥平松平家と続き、再び久松家が入封する。その間、天守は火災にて焼失し、再建はなされなかった。戊辰戦争の際は官軍の猛攻を受けた上、開城時には放火され、城は廃墟と化した。石垣は四日市港等の建設時に多く転用されたが、三の丸の堀に一部現存している。七里の渡に櫓が復原されている。

桑名市全景（桑名別院）　　　　　　　●昭和戦前
中央上部に桑名別院本統寺に移築されたと思われる櫓がかすかに写っている。

桑名別院

桑名別院と呼ばれる本統寺。左端の建物は桑名城から移築されていた櫓と思われる。現在は残っていない。

●昭和初期

（伊勢桑名名勝）桑名城跡　KUWANA. ISE,　　●昭和初期

三の丸の石垣と濠ではないかと思われる。

古写真にみる日本の城 ③

江戸城 明治期の小判タイプの古写真 吹上曲輪の半蔵門。戦災焼失。

福山城 明治期頃の古写真（中判タイプ） 備後福山城本丸望遠。右に天守と付櫓が見える。

名古屋城 明治期の小判タイプの古写真 天守西面。大天守（左）と本丸西側の多門櫓、後ろに小天守が見える。

近畿の城

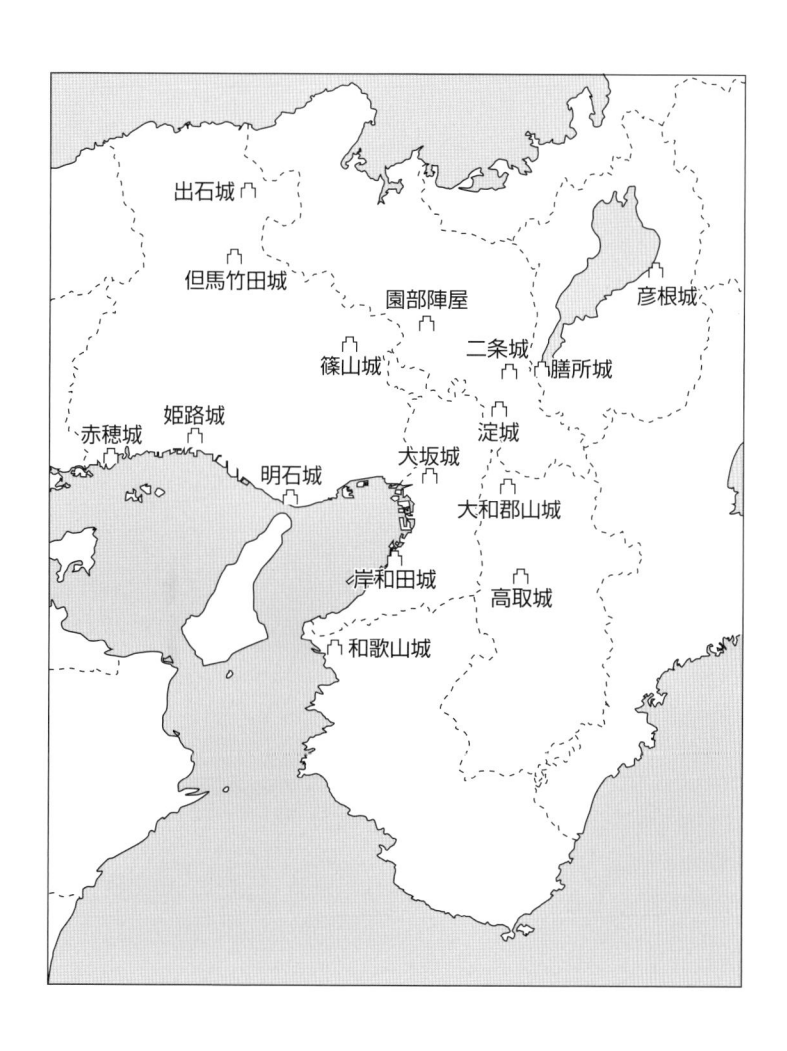

出石城
但馬竹田城
園部陣屋
彦根城
篠山城
二条城
膳所城
赤穂城
姫路城
淀城
明石城
大坂城
大和郡山城
岸和田城
高取城
和歌山城

彦根城

滋賀県彦根市金亀町

彦根城天守は現存12天守のうちの1つで現在国宝に指定されている。三層三階の小ぶりなものだが、千鳥破風、唐破風、切妻破風、華灯窓などの装飾が多く施され、現存天守のなかでも最も華麗な天守といえる。この天守は、大津城天守を移築したと伝えられるが、解体修理の結果、その資材を用いて建てられたことが判明した。

彦根城の建築物には、天守の他西の丸三重櫓が小谷城天守、山崎三重櫓が長浜城天守、佐和山口多聞櫓が佐和山城大手門などの移築伝承が多く残されている。その他に石垣材を長浜城、佐和山城、大津城などから運び込んだといわれる。

彦根城は関ヶ原合戦後に新たに築かれた城で、当時まだ大坂にあった豊臣家及び豊臣大名を牽制するために周到に築かれた城であり、築城には12大名が助役として参加した天下普請であった。江戸期を通じて井伊家の居城であり、現存遺構を良く残した城である。

彦根城天守

1. 金亀城
2. 元和8年（1622）
3. 井伊直継
4. 天守、櫓、門、塀、馬屋、石垣、土塁、堀
5. 表御殿
6. JR彦根駅から徒歩15分

彦根城（近江）The Formerly Castle in Japan.　●明治後期
彦根城天守南西面。規模は三重であるが、唐破風・切妻破風・華頭窓など凝った意匠の外観で作られている。

近江　彦根城　The Castle Hikone Omi.　　　　●昭和2年11月24日の消印
鐘の丸より廊下橋と天秤櫓をみる。後方に天守がみえる。

近江彦根城内廓　Ucaikuruwa, Hikone.　　　　●明治後期
佐和口多聞櫓を西側よりみる。手前に内堀、左側は鉢巻石垣。

彦根松ノ下ヨリ城ヲ望 ●明治後期頃
南側いろは松より佐和口多聞櫓を望む。左奥は天秤櫓。頂部には天守の屋根がかすかにみえる。

彦根極樂橋　第一中學校　First Middle School & Gokuraku bridge Hikone ●明治後期頃
表御殿跡東側塁上からみた表門橋と内堀。右側が表門口の石垣。

彦根樂々庭園ヨリ城山ノ眺望　A View of Shiroyama from the garden of
Rakurakuen, Hikone.　　　　　　　　　　　　　　●明治後期〜大正初期
　彦根城、北東側に位置する楽々園。後方に天守を遠望。

彦根城内　樂々園大廣間　　　　　　　　　　　　　　　●明治後期頃
　彦根城の北東側に位置する楽々園の建築群。楽々園は城主の日常生活の場で、槻御殿といわれる書院建築や茶亭などが現存している。

近江國彦根樂々園全景 ●明治後期頃

彦根城楽々園の建築群を南西側よりみる。樂々園のスタンプが押されている。

彦根城ヨリ樂々園及琵琶湖ヲ望ム Lake Biwa & Rakuraku-yen from Hikone castle
●明治後期頃

彦根城頂部より北東側を望む。手前左側が楽々園、右側が玄宮園。後方に琵琶湖を望む。

彦根市全景　Hikone　　　　　　　　　　　　　　　　　　　　　●明治後期頃
彦根市街より彦根城を望む。南東側からの遠望で天守や天秤櫓などがかすかにみえる。

（琵琶湖名所）桟橋より彦根城を望む　Hikone Castle, Omi.　　●明治後期頃
琵琶湖より彦根城西北面遠望。西の丸三重櫓と天守がかすかにみえる。

膳所城

滋賀県大津市本丸町

膳所城旧二重櫓（現、芭蕉会館）

1　石鹿城、望湖城
2　慶長6年（1601）
3　徳川家康
4　本丸、二の丸跡、城門（移築）、櫓（移築）
5　門（模擬）
6　京阪膳所本町駅から徒歩10分

　膳所城は、関ヶ原合戦の前哨戦大津籠城戦で被害をうけた大津城に替わって築城されたものである。この築城は、徳川家康の命によって西国大名に築かせた天下普請で、その第1号といわれる。膳所築城は、大津の地を押えることと同時に、大坂の豊臣家に対する押えでもあった。また、のちには京都守護の意味をももつことになる。

　膳所城はその立地及び役割から、琵琶湖に突き出た水城である。正保城絵図によれば、本丸・二の丸・北の丸からなり、のちに三の丸が加えられ、曲輪間境は琵琶湖の水をひいた水堀であった。本丸には四層の天守が建ち他の櫓とは多聞櫓で結ばれていた。

　現在本丸跡が城址公園となっているが、その他の遺構はみられず、近年隅櫓と城門・堀が新築され、城の風情を取り戻そうとしている。明治の破却は早い時期に行われており、城郭建築のほとんどは解体されたが、一部城門が市内の神社に移建されている。

湖畔膳所坂本屋湖岸座敷の全景　　　●明治後期頃

右端の建物が明治期に料亭に移築されたといわれている膳所城の二重櫓。

湖畔膳所坂本屋　飛龍の間及庭園 Garden Room "Hiryo" Of Sakamotoya, Jeje near lake Biwa
●明治後期頃

上の絵葉書と同じ坂本屋の建物である。膳所城から移築された二重櫓といわれている。現在は再移築され、茶臼山公園に芭蕉会館として残っている。

（膳所名所）舊膳所城趾本丸　Honmaru Zeze.
●大正初期

琵琶湖に浮かぶ膳所城本丸の遠望。

二条城

京都府京都市中京区

二条城二の丸殿舎

1 —
2 慶長7年（1602）
3 徳川家康
4 二の丸御殿、櫓二棟、城門六棟
5 —
6 JR京都駅からバス15分

信長・秀吉・家康と天下を制した天下人は一様に二条に城を築いた。現在遺構のみられる二条城は、徳川家康が慶長7年（1602）に築き始め、3代将軍家光が寛永初年に改修したものである。

家康創築の二条城は、現在の二の丸部分にあたる単郭の城であった。これを西側に拡張し、本丸、二の丸の複郭に改めたのが家光であった。現在本丸に天守台が残されているが、ここには五層五階白亜の層塔式天守が建てられていた。伏見城からの移築といわれるが、寛延3年（1750）落雷によって本丸殿舎とともに焼失した。

二条城には多くの建築物が残されているが、なかでも注目されるのは国宝の二の丸御殿である。川越城や掛川城にも城郭殿舎の一部が残されているものの、完存するものはこの二条城二の丸御殿が唯一のものである。車寄・遠侍・式台・大広間・黒書院・白書院・御台所・御清所からなる壮大かつ華麗なものである。

二條城（京都）The Formerly_Castle in Japan. ●明治後期
現存している二の丸東南隅櫓と東大手門。西南隅櫓と北大手門も現存している。

二條離宮御車寄 ●明治後期頃
　現存し国宝に指定されている二の丸御殿。京都府教育会教育会発行と裏面に記入されている。

京都二條離宮　Nijyo Castle Kyoto. ●大正4年11月のスタンプ印
　二条城二の丸南面の石垣と堀を東側よりみる。右に現存している東南櫓。

淀城

京都府京都市伏見区淀本町

淀城天守台石垣

1. 納所の城
2. 室町時代、元和9年（1623）
3. 松平定綱
4. 石垣、堀
5. ―
6. 京阪電車淀駅から徒歩1分

　淀の地には、中世の淀城・秀吉の淀城・江戸期の淀城の三時期の淀城があった。
　秀吉の築かせた淀城は、それまであった中世の淀城を改修して築かれたもので、現在石垣や堀の残る江戸期の城に対して、淀古城と呼ばれている。秀吉は天正17年（1589）側室の茶々の出産のためにこの城を築かせたという。この城に入った茶々は秀吉の子鶴松を生み淀君と呼ばれた。しかし、文禄3年（1594）3才にして鶴松が夭逝すると淀城は破却されてしまった。
　元和9年（1623）将軍秀忠は、松平定綱に淀城築城を命じた。淀城は、伏見城に替わる役割をもち、淀古城とは別の位置に新城として築かれた。淀川を堀とし、本丸・二の丸を三の丸・西の丸で囲い更にその外に東曲輪・内高島を配した縄張りで、五層の天守をあげた。天守は慶長期の二条城天守を移築したと伝わるが、宝暦6年（1756）落雷で焼失し、他の建物も鳥羽伏見の戦いで焼失した。

舊淀城跡　Yodo Castle.　　　　　　　　　　●大正初期頃
　淀城　本丸南側の石垣と堀。右が天守台。

淀町與杼神社二ノ鳥居ヨリ舊天主閣ヲ望ム　Yodo Shrine.　　●大正初期頃
淀城、本丸の石垣を望む。左奥に天守台がみえる。

舊淀城趾　　　　　　　　　　　　　　　　●明治41年6月8日の消印
淀城本丸遠望。周囲に建物は何も写っていない。

園部陣屋

京都府南丹市園部町

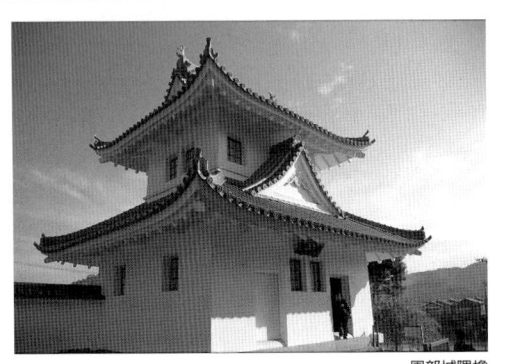

園部城隅櫓

1 —
2 元和5年（1619）
3 小出吉親
4 巽櫓、櫓門、石垣、堀
5 —
6 JR園部駅からバス6分

　戦国時代、丹波一円に勢力を伸ばした波多野氏も、天正6年（1653）、明智光秀に攻略され滅亡する。このとき荒木山城守氏綱の拠った薗部城も落城するが、この中世薗部城について多くは詳らかでない。元和5年（1619）、小出吉親は但馬出石から丹波に移封となり、園部に入った。二年余りの期間をかけ築かれたのが園部陣屋である。選地は、中世薗部城の跡地であったと指摘されている。城主格ではなく、本丸には天守をあげず三基の櫓が設えられていた。本丸を囲む内堀の南と西には中堀を設け、さらに外周をめぐる外堀により背後の小向山まで城内に取り込んでいる。小向山には三層櫓があげられていた。戊辰戦争で万一官軍劣勢の場合は、京都をのがれる天皇の行在所となる可能性が浮上、新政府の許可を得て大修築が行われている。小向山三層櫓はこのとき造られたともいう。城地には学校や博物館などが建てられたが、巽櫓と櫓門が現存する。

園部舊城門　　　　　　　　　　　　　　　　●明治後期
今でも現存している大手門と巽櫓（左奥）。"京都府第二回蚕糸共進会紀念"のスタンプ印が押されており、明治40年10月13日の日付になっている。

（行發本岡）　　　　　　　　　　趾城舊部園

園部舊城趾
◉昭和15年の消印

前ページの写真とほぼ同じ位置から撮影した写真。左端にあった長屋風の建物はこの写真では消えており、木製塀になっている。

門々校學女等高立郡井船

船井群立高等女學校々門
◉昭和初期

女学校の門として使われていた園部陣屋大手門。上の写真とほとんど同じ場所であるが左側の長屋風の建物はまだ写っている。

岸和田城

大阪府岸和田市岸城町

岸和田城模擬天守

1. 岸ノ和田城、滕城、蟄亀利城、千亀利城
2. 応永年間
3. 信濃氏
4. 石垣、堀
5. 天守、櫓、門（復興）
6. 南海電鉄蛸地蔵駅から徒歩10分

　岸和田城を古城から現在の地に移したのは信濃氏といわれる。応永15年（1408）細川頼長が和泉半国守護となって岸和田城に入った。明応9年（1500）に畠山尚順に攻められ、細川有元が敗死している。このころから岸和田城には、守護代松浦氏や城番が入るようになる。

　永禄元年（1558）頃から岸和田城には三好勢の入城がみられ、同3年には三好義賢による大修築が行われている。このころ岸和田では数度となく三好勢と畠山勢の攻防が行われた。

　信長の上洛により、和泉にもすこし安定がみられる。天正11年（1583）秀吉は和泉に中村一氏を入れ和泉国衆を属させた。翌12年小牧長久手の合戦の留守を狙って雑賀、根来、粉河の一揆が進入し、岸和田合戦が行われた。秀吉はこれを機に紀州を平定し、岸和田に小出秀政を入れた。小出氏とそのあとの松平氏で岸和田城は近世城郭に整備された。

（日本古城集ノ内）泉州岸和田城　KISHIWADA CASTLE, IZUMI.　　●明治後期頃

岸和田城、本丸の石垣と堀。

岸和田城址附近ノ景 ●昭和初期
岸和田城、本丸入口の石垣と堀。

岸和田市千亀利公園 ●昭和初期
岸和田城本丸南面の石垣と堀。

大坂城

大阪府大阪市中央区大阪城

大坂城復興天守

1 ―
2 天正11年（1583）
3 豊臣秀吉
4 櫓ほか建造物13棟、石垣、堀
5 天守（復興、登録文化財）
6 JR大阪城公園駅から徒歩1分

　大坂城の地には元々、本願寺8世蓮如により別院が建てられていた。石山と呼ばれたこの地は、天文元年（1532）山科本願寺が日蓮宗徒に焼討ちされたため、10世証如が本山を石山に移し石山本願寺とされ、次第に城塞化されていった。

　元亀元年（1570）から始まる織田信長と本願寺一向宗との対立は有名であるが、11年に亘った両者の対立は、和議というかたちで天正8年（1580）結着した。11世顕如は石山本願寺の地を明け渡し、信長は念願の地を手中にした。しかし同10年本能寺に斃れた信長はこの地に築城するに至らなかった。翌11年羽柴秀吉は、信長の遺志を引継ぎ大坂城築城を開始し、総構をもった巨大な城を完成させ、内外に天下人の威を誇った。

　秀吉の死後、大坂の陣により豊臣家は滅亡し、徳川氏によって秀吉の規模を上回る大坂城が出現した。現在みる遺構はそれで、秀吉の大坂城は完全に地下に埋没している。

大阪城内　伏見櫓　Famouse Places at Osakamesho.　●大正初期
北側にあった伏見櫓北面。三重の大きな櫓であったが、昭和20年の戦災で焼失した。大正3年11月19日のスタンプ印が押してある。

●明治後期頃

所澤ヨリ大阪ニ大飛行シ來ル雄飛號ノ壯觀

この絵葉書写真は左右逆（鏡面）になっている。二の丸伏見櫓を望んでいるが、南西面をみている写真である。

所澤ヨリ大阪ニ大飛行シ來ル雄飛號ノ壯觀

大阪城　THE OSAKA CASTLE　　　　　　　　　　　　　●大正11年4月26日の消印

伏見櫓西北面。二の丸西北角に建っていた三重櫓である。

大阪城京橋口　The Osaka Castel.　　　　　　　　　　　　　　　●明治後期頃

二の丸の西北にあった京橋門、京橋多聞櫓、左に伏見櫓。全て戦災で焼失している。

大阪城京橋口門　　　　　　　　　　　　　　　　　　　　　●大正後期～昭和初期

西の丸西北にあった京橋門と多聞櫓を正面からみる。戦災で焼失。

（表題なし）　　　　　　　　　　　　　　　　　　　　　　　　　　　●明治後期頃
　二の丸土蔵曲輪西側にある乾櫓、北面をみる。右奥は坤櫓。乾櫓は現存し国の重要文化財に指定されている。

（日本古城集ノ内）大阪城　　　　　　　　　　　　　　　　　　　●明治後期頃
　二の丸土蔵曲輪西側にあった抻櫓（右端）と現存する乾櫓（中央奥）南西面をみる。抻櫓は戦災で焼失した。

OHTE GATE IN OSAKA CASTLE. ●明治後期頃

二の丸西南側にある大手門と多聞櫓。左端は千貫櫓。大手門・千貫櫓とも現存し国の重要文化財に指定されている。

大阪城　廓ノ外濠　Famouse Places at Osakamesho.　●大正3年のスタンプ印

二の丸南側の櫓群。右から二番櫓、三番櫓、左奥に六番櫓。二番櫓・三番櫓は戦災で焼失し、六番櫓は現存している。

玉造口門 ●明治後期頃

二の丸南東側にあった二番櫓。戦災で焼失した。奥は現存している一番櫓。右奥に玉造門の高麗門がみえる。高麗門も戦災で焼失した。

青屋口内門 ●明治後期頃

二の丸東北側にあった青屋門。戦災で大破したが、現在は櫓門で復元されている。

（表題なし） ●昭和戦前

昭和6年に復興された天守閣と、紀州御殿。紀州御殿は和歌山城の二の丸御殿を移築したものであったが、昭和22年に失火により焼失した。

第四師團司令部内玄関 ●昭和初期

本丸に移築されていた、和歌山城の二の丸御殿。紀州御殿とよばれていた。

姫路城

兵庫県姫路市本町

姫路城（西の丸より天守群をみる）

1. 白鷺城
2. 天正8年（1580）、慶長5年（1600）
3. 豊臣秀吉、池田輝政
4. 天守ほか建造物多数、石垣、堀
5. 高麗門、好古園
6. JR姫路駅から徒歩20分

　姫路城は、現存天守群を残すばかりでなく櫓、門、塀などの城郭建築を最も多く残す城である。そればかりでなく、白亜の建築群が織り成す構成美と縄張りの巧妙さは、他に類がない。これらの遺構を築いたのは池田輝政で、慶長5年（1600）から築城を始めた。

　しかし、この地にはそれ以前から城が築かれていた。古くは南北朝期に赤松貞範が姫山、鷺山に城を築いたのに始まり、天正8年（1580）には羽柴秀吉による姫路築城が行われ、三層の天守をあげていたといわれる。秀吉の姫路城は、現在の天守の解体修理時に天守台下より古い天守台が発見されるなど、秀吉時代のそれが一部解明されている。また城内に残る石垣の構造にも時代差がみられ、秀吉の姫路城の名残りをとどめるといわれる。

　遺構を多くとどめる姫路城であるが、城郭として存在した時代に比すればそれはわずかに過ぎず、市街に残される外郭線をみれば、その壮大さが今も偲ばれる。

（日本古城集ノ内）播磨姫路白鷺城　HAKURO CASTLE HIMEJI,HARIMA.　●明治後期
連立天守を南東面からみる。左端は本丸帯曲輪太鼓櫓、その少し右下が帯郭櫓。

第十師團司令部（姫路）　Headquarters of Ten-th Legon,Himeji.　　●明治後期頃
姫路城天守群東南面遠望。城内には軍関係の施設が建っていた。

（表題なし）　　●明治後期頃
姫路城東南面遠望。明治後期頃の城址周辺の状況が分かる。

白鷺城表面ノ全景 ●明治後期頃
　姫路城、南側からの遠望。大天守や櫓が見える。左端は西の丸、カの櫓が幽かにみえる。

城南練兵場ニ於ケル野球仕合　Bese boll mach at g raund. ●明治後期頃
　三の丸で野球をやっているようである。右後方に大天守がみえる。足場が架かっているので明治40年代の修理時期と思われる。中央やや左に菱の門が、左には西の丸　カの櫓が幽かに見える。

明石城

兵庫県明石市明石公園

JR明石駅ホームよりみた明石城

1 喜春城、錦江城
2 元和5年（1619）
3 小笠原忠真
4 巽櫓、坤櫓、石垣、堀
5 本丸土塀（復元）
6 JR明石駅からすぐ

西国諸大名に睨みを利かせる目的で、播磨は徳川家康から重視され、関ヶ原の戦後に女婿の池田輝政がその一国を領していた。元和3年（1617）、輝政の孫光政が藩主になると、幼少であるとの理由で池田氏は鳥取へ転封となる。播磨は分割され、明石の地には小笠原忠真が就封。一旦船上城に入っている。ほどなく明石城築城に着工し、同五年には概ね完成をみる。作事には三木城、船上城などの部材を用い、天守こそあげられなかったが、本丸の四隅全てに三層隅櫓を設えていた。伏見城から移築の現存坤櫓は、なかでも最大の規模であり、天守の代用としても充分な威容を誇る。もう一つの現存櫓、巽櫓との間を結ぶ土塀が阪神大震災後に復元されている。両櫓と土塀、そして随所に残る累々たる高石垣とが相まって、みる者を心地よく圧倒する。往時より計画的に整備された城下町は剣豪宮本武蔵の設計と伝わるが、同名他者であるともいい、この点は異説が多い。

播磨明石城 ●明治後期頃
三の丸太鼓門跡より　本丸を望む。中央奥に坤櫓が見える。

（日本古城集ノ内）播州明石城　AKASHI CASTLE, BANSHU.　　●明治後期頃

本丸南面の石垣と坤櫓。当時は本丸四隅に三重櫓が建っていた。現在は2基残っているのみである。

明石公園眺望（舊明石城）VIEW OF PARK AKASHI.　　●明治後期頃

本丸南面を見る。右が巽櫓、左は坤櫓。

明石公園城内　其一（案内圖書）（大正七年四月十四日公開）　　●昭和初期頃
明石公園の鳥瞰図を絵葉書にしたもの。

明石城（封建面影）The Castle of Akashi.　　●明治後期〜大正初期
本丸南側の石垣と坤櫓。坤櫓の左後ろにみえる石垣は天守台。

赤穂城

兵庫県赤穂市上仮屋

赤穂城本丸表門（復元）

1. 加里屋城、仮屋城、大鷹城
2. 慶安元年（1648）
3. 浅野長直
4. 浅野長直
5. 大手門、大手門隅櫓、大手桝形、本丸門、本丸桝形、厩口門（復元）
6. JR播州赤穂駅から徒歩15分

　最初の築城は室町時代中期、赤松氏一族の岡豊前守による加里屋城であるというが定かではない。関ヶ原の役後に播磨へ入封した池田氏により大鷹城が築かれたともいうが、明らかでない点も多い。今に残る赤穂城は、のちの元禄忠臣蔵で知られる浅野家が築いたものである。正保2年（1645）、赤穂藩主池田輝興が乱心騒動を起こし改易、浅野長直が入封する。慶安元年（1648）、長直は幕府に設計図を提出、一国一城令下ながら即日築城が許可された。当城は千種川河口の三角州へ選地し、南側半面を瀬戸内海が洗う海城である。縄張は甲州流兵法者である浅野家家臣近藤正純が担当。さらに当地へ招請された山鹿素行が二の丸虎口を修正している。塁線は複雑な折れを繰り返し横矢を多用、複数方向からの集中攻撃を意図する。桝形虎口に渡る土橋も曲げ、動線を屈折させる多重構造を有する。現在、門や櫓などの復元が進み、成熟した軍学の体現を直接に味わえる。

瀬戸内海　播磨赤穂城趾　THE INLAND SEA-RUIN OF AKOH CASTLE, HARIMA

● 1909（明治42年）の消印

北側に位置した大手門跡の状況。建物はみあたらず、石垣が残っているのみである。

篠山城

兵庫県篠山市北新町

篠山城復元御殿

1. 桐ヶ城
2. 慶長14年（1609）
3. 徳川家康
4. 石垣、堀、土塁
5. 二の丸大書院（復元）
6. ＪＲ篠山口駅からバス15分

　慶長14年（1609）、西国大名を多数投入し、篠山城は築かれる。大坂や京都と山陰とを結ぶ交通の要衝、篠山盆地への新たな築城である。関ヶ原の役後、徳川家康の最大の懸念は大坂城の豊臣秀頼であった。大坂を封じ込め、豊臣恩顧の西国大名を牽制する、いわゆる天下普請の一環である。三箇所の三の丸虎口には角馬出が置かれ桝形も配置、二の丸に到達するにはさらに幾重の門をくぐらなければならない。二の丸の南北両虎口にも桝形が設けられ、とくに北虎口は二重桝形となっている。極めて厳重な守りの縄張である。本丸と二の丸間には堀がなく一体感が強い。本丸東南隅には天守台が置かれているが、あまりに守りが堅過ぎるとのことで、天守をあげることが許されなかったという。本丸、二の丸石垣下の犬走りは幅広で、特徴的である。多く残された石垣には、刻印が今も多数認められる。復元整備が進み、天下普請の城を直接に体感できる貴重な城郭である。

篠山舊城本丸實景　View of Olde Castle at Sasayama　●大正３年の消印
本丸（現、二の丸）北面の石垣。大書院の屋根がみえる。

丹波篠山舊城趾　　　　　　　　　　　　　　　　　　　　　　●昭和初期
　本丸（現、二の丸）西北面の石垣と大書院を望む。手前は二の丸（現、三の丸）。

（元舊城）篠山公會堂及女學校　　　　　　　　　　　　　　　●明治後期頃
　本丸（現、二の丸）北側の入口。後方に大書院の屋根が見える。門の両側には札が付いており「多紀郡立高等女学校」「多紀郡公会堂」と記されている。　共進会のスタンプ印が押されている。

但馬竹田城

兵庫県朝来市和田山町竹田

竹田城大手の石垣

1. 虎臥城
2. 永享3年（1431）
3. 山名持豊
4. 石垣、堀、井戸
5. ―
6. JR竹田駅から車で10分

　但馬竹田城は、京から山陰に抜ける街道と播磨から但馬をつなぐ交通の要衝を押えるとともに、生野鉱山を支配する拠点として築かれたといえる。創築は、永享3年（1431）といわれ、守護山名氏の命により太田垣氏が築城、守備した。

　天正5年（1577）織田信長の部将として、中国地方の平定に向った羽柴秀吉は、但馬を侵攻した。この時竹田城は羽柴秀吉によって攻め落され、その後度々秀長が在城し修築を施した。

　この後但馬竹田城は、桑山重晴・赤松広秀が在城したが、関ヶ原合戦ののち廃城となった。しかし、竹田城の地は天領に含まれ、城の破却は行われていない。

　現在城址に建築物の遺構はないが、石垣が完存し、縄張がはっきりと残されている。この石垣の構築は赤松氏時代と考えられ、慶長初年の石垣構築の技術や構成を現在に残す、貴重な遺構となっている。

但馬國　竹田虎臥城跡　　　　　　　　　　●大正5年の消印
南側から本丸を望む。中央に天守台。現在の状況とあまり変わっていない。

（但馬竹田）竹田城の櫻花　Takeda Tajima　　●昭和初期頃
竹田城址の石垣。桜の名所だったようである。

兵庫縣史蹟保存　但馬竹田城跡ノ櫻　　●昭和戦前
竹田城跡の石垣。標高353mの山うえに築かれた山城である。

出石城

兵庫県豊岡市出石町

出石城二の丸隅櫓（復元）をみる

1 —
2 慶長9年（1604）
3 小出吉英
4 石垣、堀
5 隅櫓二基（模擬）
6 JR・北近畿タンゴ鉄道豊岡駅からバス30分

　鎌倉期より山陰に覇を誇った山名氏は、出石の此隅山城を本拠としたが、織田信長勢の羽柴秀吉に攻められ落城。山名祐豊がより高地に位置する有子山城を築き居城を移した。再び秀吉に攻められ落城し、山名氏は滅亡するに至る。豊臣政権下では城代のおかれる時期が続き、文禄4年（1595）には小出吉政が当地へ着任。慶長9年（1604）、吉政の嫡男吉英の代に、旧城よりやや下った有子山山腹に新しく出石城が築かれる。斜面を雛壇状に区画し、上から稲荷丸、本丸、二の丸、下の丸と曲輪を配置。麓の平地を三の丸とし周囲に水堀をめぐらせる。一国一城令下では、但馬唯一の城である。小出氏の後、藤井松平家の忠徳が入城、以後は仙石政明が入り、仙石氏支配のまま幕末を迎える。お家騒動として有名な仙石騒動の舞台ともなった。明治維新の際、新政府への恭順の意を示すため、藩自ら城郭を破却した。隅櫓二基は模擬だが、随所に石垣が残り往時を偲ばせる。

出石振鼓楼
出石城三の丸大手門跡の石垣上に明治4年に建てられた振鼓楼。

●昭和初期

高取城

奈良県高市郡高取町

1. —
2. 元弘 2 年（1332）
3. 越智氏か
4. 石垣、堀
5. —
6. 近鉄壺阪山駅からバス 15 分

　南北朝期に豪族越智氏によって築かれたのが、高取城の始まりという。天正 8 年（1580）に織田信長の一国破城令で廃城となるが、信長の死後、筒井順慶が当地を再び取り立て築城を開始する。同 13 年に豊臣秀長が郡山城に入城し、同十七年より家臣本多利久が高取城を拝領、築城を継続する。近世城郭としては極めて稀な巨大山城が現出することになる。高石垣に囲まれた本丸は、天守、小天守と三基の櫓を二重多門櫓がつなぐ連立式天守となっている。本丸西側の馬出には太鼓櫓、新櫓と十五間多門にて構成される。他にも櫓は多く、両天守以外に 11 基を数える。これらを包含する広大な城域が、比高 390m の山城として成立しているのは極めて異例である。明治の世となり廃城になったが、明治 20 年（1887）頃まで主要な建物はかろうじて残っていたようである。これらの建造物を支えた石垣群は完全な状態で今も残され、その威容はまさに圧巻である。

和州現在高取城石垣
高取城の明治期の古写真を絵葉書にしたもの。以下に続く高取城の絵葉書は何れも城郭古写真関係の本ではおなじみの写真である。

●大正後期〜昭和初期

和州舊高取城小天主閣御城より望む・
高取城。明治期の櫓や塀が写っている古写真絵葉書。

●大正後期〜昭和初期

和州舊高取城小天主閣御城よリ望む

和州舊高取城壺坂寺角　　　　　　　　　　　　　　●大正後期〜昭和初期
　高取城　明治期の古写真絵葉書。二の丸火之見櫓と左に二の丸御殿の一部がみえる。

和州舊高取城半左ヱ門櫓

高取城 明治期の櫓や塀が写っている古写真絵葉書。

● 大正後期～昭和初期

高取城本丸虎口址（昭和39年、西ケ谷恭弘撮影）

大和郡山城

奈良県大和郡山市城内町

大和郡山城復元東隅櫓

1 　—
2 　天正8年（1580）
3 　筒井順慶
4 　石垣、堀
5 　櫓、門
6 　近鉄近鉄郡山駅・JR郡山駅から徒歩10分

　戦国期の大和には、松永氏と筒井氏の二大勢力があった。信貴山城の松永久秀と郡山城の筒井順慶である。織田信長の畿内進出に順慶は臣従し、久秀は対立した。天正5年（1577）松永久秀は信長に攻め滅ぼされ、大和一国は筒井順慶の所領として安堵された。

　信長の命により順慶は、大和国内の諸城を破却し、居城郡山城の修築を行った。

　天正13年（1585）秀吉の弟大和大納言秀長は、大和・和泉・紀伊の百万石を領し郡山城に入城した。百万石の大大名に相応しい城を築くため、大改修を行った。総構えは次の増田長盛に引き継がれたが、江戸期から現在にまで残る城は、ほぼ秀長の時に出来上がったといわれる。築城にあたっては、神社仏閣から石材を徴用し、地蔵・庭石に至るまで運び込まれたといい、現在も石垣石にそれらが見られる。現在本城部の石垣・堀は良く残され、下見板張りの櫓と梅林門が復興されている。また、外郭の堀も市内に散見できる。

郡山城址（其二）Castle Ato, Ko_riyama.　　　　　●明治後期〜大正初期
本丸西面の石垣を南側よりみる。中央一段上に天守台の石垣がみえる。

郡山城址（其三）　Castle Ato, Ko_riyama.　　　　　　　　　　●明治後期〜大正初期
　大和郡山城本丸南面の石垣。やや右側に竹林門跡。

大和郡山城天主閣　　　　　　　　　　●昭和初期頃
　本丸の石垣を北東側よりみる。石垣上右側が天守台の位置であるが樹木にかくれてみえない。

和歌山城

和歌山県和歌山市一番丁

和歌山城外観復元天守

1　虎伏城、竹垣城
2　天正13年（1585）
3　豊臣秀長
4　門、塀、庭園、石垣、堀
5　天守、櫓、門、橋
6　南海本線和歌山市駅から徒歩10分

　天正13年（1585）羽柴秀吉は、根来寺、太田党を攻め、一応紀州を勢力下に入れた。太田城を落し、和歌山にあった秀吉は、自ら縄張をして秀長の城を築いたという。この当時の城は、現在の本丸・二の丸・三の丸の地域に築かれた。城の完成後は、桑山重晴が城代としておかれた。

　関ヶ原合戦後、和歌山には浅野幸長が入封し、城の改築を始めた。虎伏山山上に本丸・二の丸を配し、中腹に松の丸・山下に三の丸・御蔵ノ内・下ノ丸・御屋敷を配し、石垣の積み直しもおこなわれた。

　元和5年（1619）には、家康の10男頼宣が入封し、御三家紀伊徳川家の居城として整備された。

　現在の天守曲輪の建築群は、戦災で焼失したものを、外観復元している。城内に櫓は残らないが、岡口門・追廻門が現存している。また城内の石垣は、三時代の積み型が残り、刻印も多数残され、見所が多い。

和歌山城　天主閣（野上屋旅館より五丁）　●大正初期頃
大天守閣東南面をみる。昭和20年まで残っていたため、古絵葉書も多くみられる。

和歌山城 天守閣　WAKAYAMA CASTLE IN SPRING
大天守西面を天守曲輪内部よりみる。
●昭和戦前

和歌山城天主閣全景　Famous Places at Wakanoura　●大正4年11月1日の消印
大天守閣西南面。多聞櫓が連結している。

和歌山城　WAKAYAMA CASTLE, WAKAYAMA.　　　　　　　　　●昭和初期
　南西側より天守曲輪を望む。右より大天守、多聞櫓、楠門、二の門櫓、左に乾櫓。

和歌山城　　　　　　　　　　　　　　　　　　　　　　　●明治後期～大正初期
　大天守南面を望む。手前は樹木が生茂っており、周囲の状況がよくわからない。

國寶・和歌山城　WAKAYAMA CASTLE, NATIONAL TREASURE, WAKAYAMA.
◉昭和2年4月20日の登閣記念スタンプ

南東側より天守を望む。右手前は現存している岡口門の櫓門。

（和歌山名所）公園一ノ橋
◉大正後期〜昭和初期

北東に位置する大手口の一ノ橋。後方に大天守がみえる。

(紀伊百景）和歌山城濠蓮池　　　　　　　　　　　　　　　　　　　●明治後期頃

東南側より城跡遠望。左上に大天守がかすかに見える。左下の土塀は岡口門から続いているもので現存塀である。写真中央は巽櫓の石垣台、その上（左）は松の丸櫓の石垣台。

和歌道ヨリ和歌山城ヲ望ム　THE WAKAYAMANOSHIRO JAPAN
　　　　　　　　　　　　　　　　　　　　　　　　　　　●明治40年10月の消印

南西側より天守曲輪遠望。左端に天守曲輪の建物が見える。

中国の城

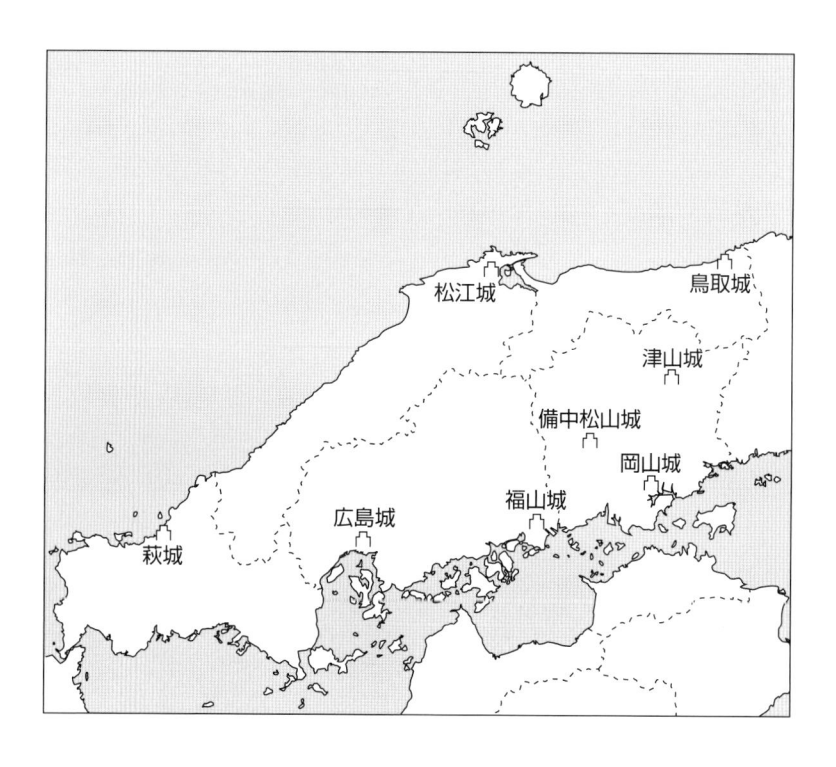

松江城　鳥取城
津山城
備中松山城
岡山城
福山城
広島城
萩城

鳥取城

鳥取県鳥取市東町

鳥取城城門

1. 久松城
2. 天文年間
3. 山名氏
4. 石垣、堀、井戸
5. 門
6. JR鳥取駅からバス

鳥取城といえば、羽柴秀吉による城攻めが有名である。
天正9年（1581）城将吉川経家を迎えた鳥取城は、主君山名豊国を見限った旧山名家臣の占拠する城であった。前年に因幡に侵入した秀吉軍は、因幡国人衆を懐柔するなどその他歩を固めており、鹿野城などに城番を入れてあった。

鳥取城の渇え殺しといわれる兵粮攻めは、用意周到に行われ、この地域の糧食の買い占めから行われた。4ヶ月に及ぶ攻囲によって城は落ち、宮部善祥坊がこの城に入った。

秀吉の因幡侵攻以前の状況は、毛利、尼子、山名及び但馬、因幡、伯耆の国人衆が入り乱れた闘争が行われていたが、秀吉の進出によって毛利対織田の図式が出来上がり、鳥取城落城によってこの地での織田方の優勢が決った。

中世城郭として築かれた鳥取城は、宮部、池田氏の改修によって近世城郭に変わった。その変遷は城址を訪れるといたる所に散見できる。

舊鳥取久松城 ●明治後期〜大正初期
鳥取城南側より全景遠望。鳥取城を描いた絵と思われる。中央の平櫓が走櫓、その右が菱櫓、左が御三階櫓。

鳥取城 | 173

鳥取縣立第一中學校 ●明治後期〜大正初期

鳥取城山麓の城跡状況。第一中学校の敷地になっているが、石垣は残っているようである。

鳥取久松城堀端より三階を望む　VIEW OF FROM MOAT HISAMATSU CASTLE, TOTTORI. ●明治後期頃

大手門跡の状況。右端に御三階櫓がみえる。明治初期の古写真を絵葉書にしたものであろう。

松江城

島根県松江市殿町

慶長5年（1600）出雲、隠岐24万石を与えられた堀尾吉晴が、それまでの要害月山富田城を廃して新たに築いたのがこの松江城である。慶長12年〜同16年の5ヶ年を要した城で、城及び城下町を新たに建設したため、その工事は道路の敷設から始まったといわれる。

松江城は山陰地方で唯一天守建築を残す城である。その天守は、三層五階地下一階の望楼式下見板張りで、慶長期の重厚かつ優美な姿をしている。関ヶ原合戦後数年で大坂では豊臣家が未だ存続している時代の建築であり、武骨かつ優雅な戦国武将の姿を醸し出している。

城は、亀田山に本丸、二の丸の主郭部をおき、山下に二の丸下段、三の丸の居館を構える平山城である。本丸上には、天守ほかに六基の櫓が建てられ、それぞれが多聞で連結された。

現在建物は天守だけが残るが、縄張り構成は良く残されている。

松江城復元南櫓と塀

1. 千鳥城
2. 慶長16年（1611）
3. 堀尾忠氏
4. 天守、石垣、堀
5. 櫓、門、橋（復元）
6. JR松江駅からバス10分

（松江名所）城山公園天主閣前の櫻　THE SHIROYAMA PARK MATSUE
●明治後期〜大正初期

天守南面。山陰地方唯一の現存天守である。前面に付櫓を設け、天守の入口となっている。

（松江名所）松江城大手前の景　Masue Castle　　　　　●昭和初期

大手前より城跡東面を見る。　右端に天守の上部が見える。

（松江名所）中橋ヨリ城山ヲ望ム景　THE VIEW IN SHIRO MT, PROM NAKAHASHI MATSUE.　　　　　●明治後期頃

南側に位置する中橋より城跡遠望。天守の上部がかすかに見える。

岡山城

岡山県岡山市北区丸之内

岡山城復元天守

1. 烏城、金烏城
2. 正平年間
3. 上神高直
4. 櫓2棟
5. 天守、門、塀
6. JR岡山駅からバス10分

　中世岡山城は、金光氏の築城から宇喜多直家の改修に至る時期である。岡山城が近世城郭に変貌するのは、天正18年（1590）からの宇喜多秀家の築城に始まる。

　秀家は直家の子であるが、幼い頃に秀吉に託され秀吉の寵愛をうけた。元服に際しては秀吉の偏諱をうけ、十三才にして57万4000石の大大名となった。豊臣一門ともいえる大名であった。

　天正18年から始まった新生岡山城の築城には、秀吉からの縄張りの指示があったと伝わり、57万石に相応しい大城郭である。昭和20年まで残されていた天守は、秀家造営のものといわれ、明治初年までその他の建築群も残されていた。

　小早川秀秋・池田氏と続き城の改修は行なわれたが、それほど大規模なものではなく、ほぼ秀家当時のものが引き継れた。現在築城400年を記念して、天守の改装が行われ、鯱瓦及び軒先瓦に金泊が施されている。

（岡山風景）烏城　Okayama　　　●明治後期頃
岡山城天守北面。戦災で焼失したが、昭和41年に外観復元された。"岡山遊覧紀念"のスタンプが押されている。

（岡山名勝）岡山城　FAMOUSE PLACES AT OKAYAMA KORAKUEN.
　　　　　　　　　　　　　　　　　　　　　　　●明治後期〜大正初期
　天守北西面近景。いちばん右（西）の二層付櫓部分は塩蔵である。

岡山城　OKAYAMA CASTLE.　　　　　　　　　●明治41年10月の消印
　旭川を隔てて　天守北面を望む。岡山城の天守曲輪を写したものでは、この角度からの絵葉書が一番多くみられる。

岡山城
天守西北面近景。裏面に消印が押してある。鮮明ではないが、昭和8年4月と思われる。

● 昭和初期

城山岡

（日本古城集の内）岡山城　OKAYAMA CASTLE.

● 明治後期頃

本丸西北面をみる。左に天守、右に月見櫓。月見櫓は現存しており、西の丸西手櫓とともに国の重要文化財に指定されている。

岡山城 OKAYAMA-CASTLE.
天守東北面近景。最上層の壁の漆喰が剥落している。

●明治後期頃

岡山縣立岡山中學校　THE MIDDLE SCHOOL, OKAYAMA　　●明治後期頃
南側から本丸を望む。入口部分は本丸大手の虎口跡。本丸内には岡山中学校の建物があり、奥に天守がかすかにみえる。

津山城

岡山県津山市山下

津山城本丸備中櫓（復元）

1. 鶴山城
2. 慶長8年（1603）
3. 森忠政
4. 石垣、堀
5. 備中櫓、太鼓塀（復元）
6. JR津山駅から徒歩20分

　慶長8年（1603）、森忠政が美作一国を就封し、翌9年より居城の築城を開始する。選地したのは、室町時代より山名氏が古城としていた鶴山であり、名を津山と改めての着工である。完成するのは元和2年（1616）であり、実に12年をかけた大工事となった。期間を要した背景には各地の天下普請があり、忠政も助役として駆り出されることが多かったためという。緊張した時代に築かれた城だけあり、当城も実戦的な構造を持つ。主要部分は本丸を中心に周囲を二の丸、三の丸が囲む輪郭式である。三段ないし四段の屹立する高石垣で雛壇状に設えられた各郭の塁線は、随所に折れを多用し、いたるところ横矢を掛けている。各郭にはおびただしい数の櫓を置き、守りを固める。本丸西側にあげられた五重天守の屋根には、死角を形成する破風を一切用いなかった。明治の廃城令下で天守や櫓などの建物はすべて破却されたが、今に残る石垣群の説得力は他に類例をみない。

津山公園鶴山城趾
津山城の石垣。本丸北東側より天守曲輪石垣を望む。

●明治後期〜大正初期

津山大橋 ●昭和初期
　津山大橋より城址遠望。右側が天守曲輪、中央が本丸石垣。

津山公園鶴山城趾 ●昭和初期
　南側より二の丸、本丸をみる。階段は二の丸表中門跡。裏面に昭和五年参月廿六日と日付スタンプが押されている。

美はしの津山・鶴山公園と天主閣 ●昭和戦前

津山城址遠景。頂上の城郭風建物は昭和11年の博覧会の時に建築された模擬天守。

津山市・鶴山城天守閣 ●昭和戦前

津山城模擬天守近景。昭和20年に解体された。

備中松山城

岡山県高梁市内山下

備中松山城本丸

1. 高梁城
2. 仁治元年（1240）
3. 秋葉重信
4. 天守、櫓、塀、石垣、土塁
5. 櫓、門、塀
6. JR備中高梁駅からバス10分

　備中松山城の天守は現存12天守の1つであるが、そのなかでも最も小ぶりな二層天守である。山城に築かれた天守であるために、高層建築を必要としなかったといわれる。天守内部には囲炉裏がつくられており、籠城戦を考えた造りになっている。近世に用いられた山城も珍しいが、天守の構造からも古風な雰囲気が感じられる。

　備中松山城の成立は古く、仁治元年（1240）までさかのぼる。秋庭氏の築城と伝え、要害ゆえに戦国期まで継続した城である。

　近世に入っても藩主の居城とされたが、居住空間は山下の御根小屋に移され、山上の要害は使用されなかったとみていい。

　城址には、重要文化財の現存天守と、同じく二重櫓が残り、土塀の一部もみることができる。山上に築かれた石垣は、巧みに岩盤を取り込み、より堅固な構えをみせている。

　城下町は昔の町並をかなり残しており、山上の城郭と共に散策する価値がある。

（備中高梁）縣立高梁中學校　　●昭和初期
備中松山城　山麓の御根小屋址。山上の城郭部分と山麓の御根小屋部分に大きく分かれており、政治の実務は御根小屋で行われていた。中学校の建物がみえる。

松山城
荒れ果てた状況の本丸二重櫓。天守とともに現存している。

●昭和初期

（家本發行）　松山城

高梁中學校寄宿舎大成寮全景
御根小屋跡に建っていた高梁中学校の寮。

●明治御期頃

広島城

広島県広島市中区

復元された広島城二の丸

1. 鯉城、当麻城
2. 天正17年（1589）
3. 毛利輝元
4. 石垣、堀
5. 天守、平櫓、多聞櫓、太鼓櫓、表御門
6. JR広島駅から徒歩20分

　広島城は、毛利120万石の居城として、輝元のときに築かれた。毛利氏のそれまでの居城は山間部の吉田郡山城であった。元就のときに戦国大名化し、中国地方を席捲し、九州にまで勢力を伸ばした。

　やがて羽柴秀吉の進出に屈するが、関ヶ原の合戦では西軍の盟主にあおがれるなど、依然としてその影響力は強大であった。それ故、合戦後は周防・長門36万石に減封されている。

　天正17年（1589）築城を始めた広島城は、秀吉の聚楽城を模したといわれる。聚楽城のはっきりとした構成は不明であるが、絵図史料などからみる限り、広島城の縄張はそれに極似している。方形の大きな本丸に、馬出状の曲輪を備える形式は、聚楽城で取られた縄張りである。また、原爆で焼失した天守も桃山様式を伝えた優美なものである。

　昭和33年に天守が復興され、近年二の丸表御門から平櫓、多聞櫓、太鼓櫓が復原され、更に整備が進められている。

廣島城　The Castle of Hiroshima.　　●明治後期〜大正初期
本丸天守　北西面をみる。"廣島遊覧記念"のスタンプが押されている。

廣島城　　View of Hiroshima Castil　　　　　　　　　　　　　　●明治後期頃

　天守東面をみる。手前は東小天守につながっていた走櫓。近年、大天守と一緒に東小天守の写った写真が新発見として公開されているが、明治時代の写真帖には東小天守の写ったものがあり、理解できる方の目に留まらなかっただけのようである。

（日本古城集ノ内）安藝廣島城　　HIROSHIMA CASTLE, AKI.　　　　　　●明治後期頃

　天守北東面をみる。左側は走櫓。東小天守はすでにない。

飛行機より見たる廣島大本營跡 ●昭和初期頃

広島城本丸を北側上空より望む。中央が天守。

（廣島名勝）第五師團司令部正門 ●昭和戦前

広島城角馬出（二の丸）西面。戦時中は第五師団の正門に使用されていた表門。右奥に太鼓櫓が見える。原爆で全てを失ったが、現在は多聞櫓も含め復元されている。

廣島大本營跡　View of Hiroshima.　　　　　　　　　　　　　　●明治後期頃
　広島城本丸内部より天守南東面をみる。本丸内には大本営の建物が建っていた。

廣島名所圖繪　天守閣より大本營及練兵場を望む　A VIEW FROM HIROSHIMA CASTLE.　　　　　　　　　　　　　　●明治後期頃
　天守より本丸内を望む。大本営の建物が建っているが、中央奥に角馬出の表門が、左奥には本丸中の門が見える。この位置からの中の門の写真は珍しい。

福山城

広島県福山市丸の内

福山城復元天守

1. 久松城、葦陽城
2. 元和8年（1622）
3. 水野勝成
4. 櫓、門、鐘楼、石垣
5. 天守、月見櫓、筋鉄御門、御湯殿
6. JR福山駅から徒歩0分

　山陰新幹線が福山駅に近づくと、純白な城郭が目にとまる。新幹線ホームはさながら福山城の展望台のようで、雄壮にして華麗な城は駅北側に大パノラマをつくる。

　福山駅は、城の二の丸と三の丸にある。ホームからみえる部分は本丸に過ぎない。しかも復原された天守であるが五層づくりで、三層の伏見櫓や二重の櫓群が高石垣上に並びたつ大城郭である。築城は徳川家康の従兄弟である水野忠重の子勝成によった。幕府は、「元和一国一城令」と「武家諸法度」で新規築城を厳しく禁止しているのに関わらず1万5000両の金と380貫の銀を勝成に下賜し、福山築城を助力した。これは広島城浅野氏、周防の毛利氏への戦略的布石であった。徳川政権は、家康の娘婿池田輝政をして姫路城を、勝成をして福山城を築いて、西国の二大鎮城としたのだ。だから、豊臣政権ゆかりの大名の城が黒漆か柿渋で外壁を仕上げた「黒い城」に対し姫路城と福山城は、純白の城なのである。

（備後）福山城全景　View of Fukuyama Castit.　●大正初期

南東側より天守を望む。福山城の古絵葉書はこの角度からのものが、一番多くみられる。大正5年の消印。

（備後）福山城天主閣
天守 北東面近景。手前に付櫓。昭和20年に戦災で焼失したが、現在は外観復元されている。

●明治後期頃

福山城　天主閣　FUKUYAMA CASTLE
北東側から望んだ天守と付櫓。北面の外壁には鉄板が張られていた。

●明治後期頃

〔備後〕福山城
天守東面を見る。手前に付櫓の上部がみえる。
●明治後期頃

（備後）福山公園（其二）Fukuyama Park (Bingo) ●大正初期頃
本丸内より、右が鐘櫓、左が筋鉄御門。両建物とも現存している。

（備後）福山城天主閣
天守西面（やや南寄り）をみる。

●大正後期〜昭和初期

（岡山モトヱ賀行）　（備後）福山城天主閣

（備後）福山公園韋陽舘及清風楼

●大正後期〜昭和初期

（岡山モトヱ賀行）　（備後）（ウ）福山公園韋陽舘及清風楼

福山城南面の石垣を西側より見る。上段の石垣より突き出た建物は御湯殿で、戦災で焼失している。

福山城 | 193

（面東）景遠の城山福

福山城の遠景（東面） ●明治後期頃
東側より天守遠望。手前は三の丸の石垣と堀。右端の二重櫓は御物見櫓で戦災前まで残っていたが焼失している。

｛面西｝景遠の城山福　備後

備後　福山城の遠景 ｛西面｝ ●明治後期頃
西南側より本丸遠望。左より天守、伏見櫓、御湯殿。三重の伏見櫓は現存し、国の重要文化財に指定されている。

福山城全景　THE FUKUYAMA CASTLE.　　　　　　　　　　●明治後期
　西側より遠望。左に天守、右に伏見櫓が見える。明治43年の消印。明治後期頃の様子がわかる。

備後國福山城全景　THE CASTLE FUKUYAMA　　　　　　　　●明治後期頃
　福山停車場より東南面遠望。左より、伏見櫓、筋鉄御門、御湯殿、右端に天守。

福山城の全景 ●明治後期頃

東南側より城址遠望。左より、伏見櫓、筋鉄御門、御湯殿、右に天守。

（備後）福山市街ノ一部 （其一） ●大正後期〜昭和初期

福山市街地より城址東南面遠望。中央に天守が見える。

萩城

山口県萩市堀内

萩城復元土塀

1. 指月城
2. 慶長9年（1604）
3. 毛利輝元
4. 長屋、石垣、堀
5. 土塀
6. JR萩駅からバス30分

　関ヶ原合戦で西軍の総大将となった毛利輝元は、合戦らしい合戦もしないまま、120万石を削られ、周防、長門36万9000石に減封された。旧領安芸に築いたばかりの広島城を捨て、輝元は新たに城を築かなければならなかった。

　慶長9年（1604）萩の指月山に新城は着工された。四年後の慶長十三年完成した萩城は、日本海に浮かぶ標高143mの指月山を背に、本丸、二の丸、三の丸を構えた城で、背後の指月山を詰の丸とした。三方を海に囲まれた要害であった。山頂詰の丸に櫓を建ち並べ、本丸には五層五階の天守をあげ、その他数十もの櫓が建ち並んだが、維新後全てが解体され、城郭建築は一つも残されていない。

　しかし、城下町は良く旧状をとどめ、武家屋敷が多く残されており、維新の実行者となった武士の邸宅などが散策できる。

　幕末文久3年（1863）には政庁を山口に移し、萩城はその機能を失っていった。

長州萩　舊城趾　RUINS OF HAGI-CASTLE.　●大正初期頃
　萩城　本丸の石垣。左端が天守台、中央　橋が架かっている所は、本丸内門跡。

萩城と有倉松 ●明治後期

明治初期の萩城天守古写真を絵葉書にしたもの。明治45年4月29日の記念スタンプが押されている。

（長門萩名所）舊萩城趾ノ櫻 ●大正後期頃

萩城本丸石垣を東南側よりみる。右側が天守台。

古写真にみる日本の城 ④

丹波亀山城　明治期の小判タイプの古写真
　天守西南面を望む。右上に"東海道亀山"と記されているが、写真は丹波亀山城である。

姫路城　明治期の小判タイプの古写真
　２枚構成になっており両方共姫路城と思われる。上の写真の撮影位置はまだ不明である。下は東北側から見た天守群。

備後福山城　明治期の小判タイプの古写真
　天守南面（少し東面寄り）。右手前に付櫓。

四 国 の 城

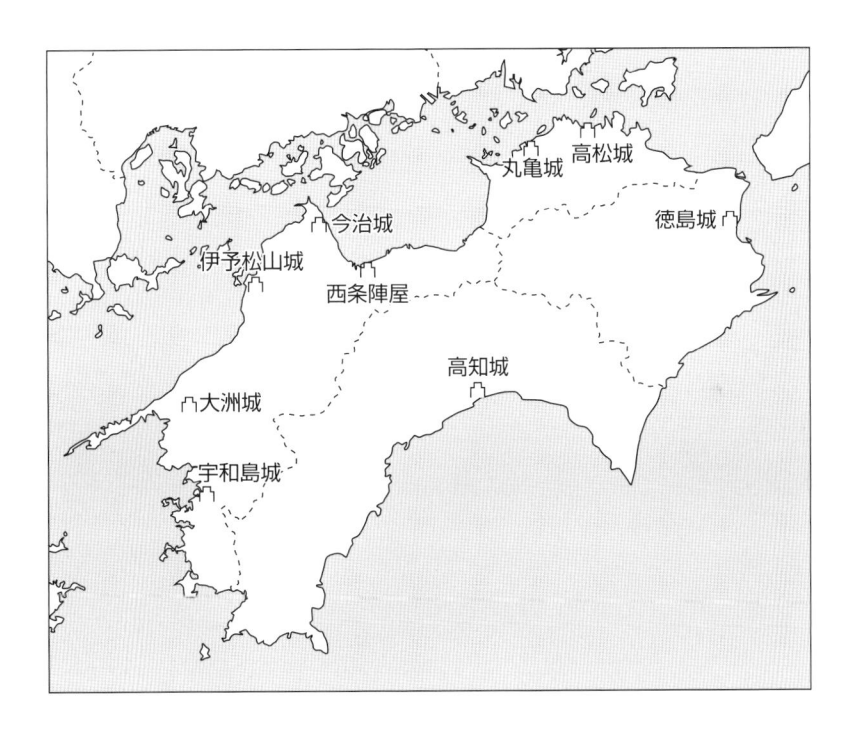

徳島城

徳島県徳島市徳島町

徳島城鷲の門（復元）

1. 渭山城、渭津城
2. 天正13年（1585）
3. 蜂須賀家政
4. 石垣、堀、庭園
5. 庭園
6. JR徳島駅から徒歩5分

　徳島城は徳島駅に接する緑濃い渭山が本丸であった。渭山の市街地側には、石垣と水堀に囲まれた三の丸があって、近年第二次大戦で焼失した鷲の門が復原されている。鷲の門を入った所が大手口でかつて櫓門が桝形虎口に建ち、門の左右には三層四階の太鼓櫓と二層三階の月見櫓があがっていた。両櫓ともに望楼に廻縁がつくもので、ことに太鼓櫓は端正な外様であった。天守は渭山山頂ではなく中腹にあがっていた。城下よりみると天守が太鼓櫓と重なり二つあったようにみえた。なお、三の丸には博物館を兼ねた資料館前に、桃山様式の豪快な手法で作庭された枯山水と林泉庭からなる千秋閣庭園が残る。

　築城は羽柴秀吉に任えた蜂須賀正勝の子家政が四国征伐ののち天正14年から築城。完成には25年を費した大工事であった。徳島城の特長である緑泥片岩の石垣は、和歌山の一部にも見られるが、力強く桃山時代の築城技法をよく伝える遺構である。

徳島公園十二景之内（鷲之門）　　　　　●昭和初期
戦災で焼失する前の三木曲輪の鷲之門。

徳島公園十二景之内（鷲の門）WASHI-GATE TOKUSHIMA PARK　　　　●昭和初期
三木曲輪の鷲之門、前頁下の写真より少し角度を変えて写したもの。修学旅行紀念のスタンプが押されている。

徳島公園十二景之内（誘園橋）IUEN BASHI,TOKUSHIMA.　　　　●明治後期～大正初期
山麓の御殿等御屋敷を構えていた曲輪の大手にあたる黒門の跡。

徳島公園大手通数寄屋橋風景 ●大正初期頃
山麓の曲輪　東側の堀と数寄屋橋。

(＿島)＿島城址　TOKUSHIMA OF THE SITE OF A CASTLE(TOKU SHIMA)
●昭和戦前
山麓居館部の南側にあった黒門枡形の跡。

高松城

香川県高松市玉藻町

高松城着見櫓

1. 玉藻城
2. 天正18年（1590）
3. 生駒親正
4. 櫓、門、渡櫓、石垣、堀
5. ―
6. JR高松駅から徒歩5分

　生駒親正が讃岐17万石に封じられたのは、天正15年（1587）、秀吉が島津攻めを終え、西日本を平定した年であった。生駒親正の讃岐入封の主たる使命は、瀬戸内海水路の守り、水軍拠点の築造にあった。この様な状況のなか築かれたのが高松城であった。

　現存する着見櫓・水の手御門の遺構は、現在海よりかなり離れた場所に立地する。しかし、名称の通り当時は海に面した建築物で、水の手御門は海路の表玄関であり、着見櫓はそれを守る役割をしていた。本丸を中心として三重に穿たれた堀には海水が引き込まれ、瀬戸内海と直結していたわけである。

　生駒氏のあとを引き継いだ松平頼重は、水戸徳川家の出で、中国・四国の押さえとしてこの城を更に拡充させた。有名な南蛮造りの天守も松平氏のときに改造されたものである。

　大戦後城地は狭くなったもののよく遺構を残し、玉藻公園として親しまれている一方、二棟の三層櫓が松平家の格式の高さを示している。

高松玉藻舊城　TAMAMO CASTLE OF TAKAMATSU.　　●明治後期頃

　海城の面影を残している玉藻城。東側より新曲輪をみる。右奥が着見櫓、手前中央が鹿櫓と多聞櫓。よく見かける古写真で艮櫓を含めた同じような角度からのものがあるが、これは手前に船が写っており、写真も鮮明である。絵葉書は明治後期頃と思われるが、玉藻舊城と記載されており、まだ古い時代の古写真の可能性もある。

讃岐高松玉藻城眞景　TAKAMATSU TAMAMO CASTLE,SANUKI.
　　　　　　　　　　　　　　　　　　　　　　　●明治後期〜大正初期頃
　海城の面影を残す玉藻城を東側よりみる。左手前が米蔵曲輪の艮櫓、右奥に着見櫓。両櫓は現存している。中間に位置する鹿櫓は写っていないので明治末期頃撤去されたのではないかと思われる。

獅子霊巌より高松城を望む　　　　　　　　　　　●明治後期〜大正初期頃
　米蔵曲輪の艮櫓東北面。現存し、現在は太鼓櫓の位置に移築されている。

(日本古城集之内) 讃岐高松城 ●明治後期〜大正初期頃

米蔵曲輪の艮櫓南東面。この絵葉書は黒色ではなく、紫色の写真になっている。

高松玉藻城ヲ望ム ●明治後期〜大正初期頃

東北側からの遠景。左に艮櫓、右に着見櫓。櫓との間にはかなり建物が建っており、前頁上写真より新しい時代と思われる。

高松市玉藻城　Castle at TaKamatsu.　　　　　　　　　　●昭和初期
　米蔵曲輪の艮櫓周辺の南東面。この絵葉書は黒色ではなく、着色したものを印刷しているようである。カラーになっている（実物はカラー）。

讃岐高松　玉藻城　　　　　　　　　　●明治後期～大正初期頃
　西北側より新曲輪と米蔵曲輪遠望。右手前が着見櫓と水の手御門、左端に艮櫓。

披雲閣庭園ヨリ着見櫓ヲ望ム ●昭和初期頃

城内側より着見櫓南面をみる。現存しており艮櫓と共に国の重要文化財に指定されている。

玉藻城（讃岐） ●明治後期～大正初期頃

左より着見櫓、付櫓、水の手御門、多聞櫓を西面からみる。全て現存している。

丸亀城

香川県丸亀市一番丁

御殿表門と天守

1. 亀山城、蓬莱城
2. 室町初期
3. 奈良元安
4. 現存天守、門、長屋、番所、石垣、堀
5. ―
6. JR丸亀駅から徒歩10分

　現存天守の一つを有する丸亀城は、亀山山頂を主郭とする平山城である。標高六六㍍の亀山に築かれた、三段の高石垣は有名で、見る者を圧倒する。

　この城を完成させたのは京極氏で、現存する天守も万治3年（1660）といわれる。この天守は、現存する12天守のなかでも最も小さく、初層6間×5間の層塔式・三層三階のものである。しかし、妻側に長辺をおくなど、意匠に工夫がされており、高石垣上に聳える天守を演出している。

　丸亀城の基礎を築いたのは、生駒親正であるが、高松城の支城として築かれたため、一国一城令のもと破却が行われ、新たに西讃岐に封ぜられた山崎家治によって再築城がされた。京極氏に引き継がれた築城は、山崎氏によって計画されたものである。

　天守の他にも貴重な城郭建築が残され、独立丘陵に築かれた丸亀城は、市内各所から仰ぎ見られ、今なお街の中心的存在である。

（丸亀）丸亀第十二聯隊　　　　　　　　　　●明治後期頃
北側より城址を望む。中央上部に天守がかすかにみえる。連隊の門の奥には　大手一の門がみえる。

（丸龜名所）天主閣の遠望　(Marugame) The view of Tenshu Kaku　●昭和初期
西北側より天守遠望。

（丸龜名所）天主閣　(Marugame) Tenshu-Kaku　●昭和初期
本丸天守西南面近景。現存しており国の重要文化財に指定されている。

（讃岐丸龜）龜山城舊城門　　　　　　　　　　　　　　　　　　　　●昭和戦前

大手一の門西南面をみる。現存しており、国の重要文化財に指定されている。裏面に消印が押されているが写りがはっきりしない。昭和11年のようである。

丸龜中學校側面ヨリ丸龜舊城山南山ヲ望ム　　　　　　　　　　　　●明治後期頃

南西側より丸亀城遠望。丸亀中学校（現丸亀高校）の後ろに城跡の石垣がみえる。

伊予松山城

愛媛県松山市丸之内

伊予松山城天守、三ノ門南櫓

1. 金亀城、勝山城
2. 慶長7年（1602）
3. 加藤嘉明
4. 天守、櫓、門、塀、井戸、石垣、土塁、堀
5. 小天守、北隅櫓、十間廊下、南隅櫓、太鼓櫓、筒井門、太鼓門、乾門、艮門東続櫓など
6. JR松山駅から伊予鉄道市内電車10分

　小説『坊っちゃん』で知られる松山には、現存天守を残す伊予松山城がある。現在松山城を訪れると、山上には天守を始めとする櫓群、山下二の丸には御殿・多聞櫓が建ち並ぶ。勿論全てが現存建物ではないが、復原建築は木造で史実に復原されている。

　松山城の築城は、賤ヶ岳七本槍の一人加藤嘉明の手による。その完成は寛永4年に入封した蒲生忠知に引き継がれるが、そのほとんどが嘉明の計画によると思われる。初期の松山城天守は五層の大天守で、小天守と幾つかの櫓がそれを取り巻く連立天守であった。蒲生氏の後を受けた松平氏の時に五層の天守は三層に改築されたという。天明4年（1784）この天守は焼失し、現在残されているものは、嘉永5年（1852）に再築された。現存天守の中では最も新しいものである。天守附属の諸櫓も共に残されていたが、昭和八年に放火により焼失し、のちに復原された。縄張りも共に見どころの多い城である。

伊豫松山城跡（加藤嘉明公營造）　●昭和初期
天守曲輪を南側より望む。右から二の門南櫓、後ろに大天守、一の門南櫓、小天守、南櫓。

松山公園（本丸第一門）The Park of Matsuyama Castle　●昭和初期
天守曲輪　小天守東面をみる。手前は一の門、右は三の門南櫓、左は一の門南櫓の一部がみえる。昭和6年2月25日のスタンプ印。

伊豫松山公園（天主閣）　●昭和初期
東側より天守曲輪をみる。中央に大天守、右端は天神櫓。天神櫓は昭和20年に戦災で焼失したが現在は復元されている。昭和4年のスタンプ印。

松山城　The View of Matsuyama Castle

山上本丸南側に位置する巽櫓（右）と太鼓門（左）の北西面をみる。ともに戦災で焼失したが、現在は復元されている。

●昭和戦前

愛媛縣松山公園　Matsuyama Park Ehimeken

●昭和初期

天守曲輪北西隅の北櫓（中央）、右に南櫓に続く多聞櫓。昭和8年に焼失したが、現在は復元されている。

（表題なし）
天守曲輪　一の門と三の門南櫓、左上に大天守が一部みえる。全て現存しており、国の重要文化財に指定されている。

●昭和戦前頃

松山公園〔乾門〕The Park of Matsuyama Castle.　●昭和初期
山上本丸西側の乾門と乾門東続櫓（中央）、右一段上に天守曲輪の南櫓、右奥が小天守。ともに焼失しているが、現在は復元されている。

（表題なし） ●昭和戦前頃

本丸天守曲輪　左端より二の門南櫓、二の門、三の門、左端に大天守の一層目がみえている。

天主閣上より城内及南方市街の眺望（松山公園）THE PARK OF MATSUYAMA CASTLE
●昭和6年のスタンプ印

大天守より南側を望む。手前右小天守、中央一の門南櫓、右端二の門南櫓、やや左先のほうに巽櫓と太鼓門がかすかにみえる。

伊豫松山公園（戸無門） ●大正後期〜昭和初期

本丸南側筒井門脇の戸無門前から太鼓櫓を望む。戸無門は現存しており国の重要文化財に指定されている。

松山城ノ石垣　The Castle of Matsuyama ●昭和戦前

本丸南側の石垣、中央上に筒井門、左奥に太鼓櫓をみる。筒井門・太鼓櫓とも昭和に入って空襲などで焼失しており現在は復元されている。

松山城　The View of Matsuyama Castle　　　　　　　　　　　　　　●昭和戦前
　本丸南側より天守曲輪を望む。右手前　馬具櫓、その奥に大天守、左に小天守、南櫓と続いている。左端は現存している乾櫓。小天守や南櫓が写っているので、昭和8年以前の写真。

松山公園〔筒井門〕The Park of Matsuyama Castle,　　　　　　　●昭和初期
　本丸南側の筒井門と隠門続櫓（右端）。筒井門は昭和24年に焼失しており、昭和46年に復元されている。

國寶松山城太鼓門 ◉昭和戦前
本丸南側の太鼓門の南東面。昭和20年に空襲で焼失しており、現在は復元されている。

松山公園〔戸無門〕The Park of Matsuyama Castle, ◉昭和初期
本丸戸無門北面。左上は筒井門の櫓部分。

伊豫松山城及兵營　Matsuyama Castle and Casern.　　　　　　　●明治後期
　南西側より松山城遠景。山上の建物群と二の丸の石垣がみえる。手前は三の丸址に建てられた軍の建物であろう。

伊豫松山市街　THE VIEW MATSUYAMA, CITY IYO　　　　　　　●大正初期
　南側より　松山城全景を遠望。　山上に天守群や筒井門などが幽かにみえる。

西条陣屋

愛媛県西条市明屋敷

西条陣屋大手門

1. 西条城、西条舘、桑村舘
2. 寛永13年（1636）
3. 一柳直重
4. 大手門、堀、土塁
5. ―
6. JR伊予西条駅から徒歩15分

　寛永13年（1636）、伊勢神戸藩主一柳直盛は伊予西条に加増移封となる。一柳氏は伊予の戦国大名だった河野氏の一族といわれる。直盛は父祖の地への入部となるはずだったが赴任の途上、大坂にて病没してしまう。遺領となった当地には嫡男直重が入り、この西条陣屋を築いた。直重の子直興の代に失政で一柳氏は改易となり、以降幕府直轄領として当地は代官支配が行われた。寛文10年（1670）年に紀州徳川頼宣の三男松平頼純が当地に入り、代々紀州家の支藩として明治まで統治が続く。当陣屋は加茂川河口際の三角州上に築かれ、ほぼ正方形の単郭で四辺に折れ歪を一切用いない、驚くほど単純な構造である。対照的に周囲の水堀は海水まで引き入れており、幅広く設られている。治安の定まった時代性を背景とし、防御よりも水運の利便の方を念頭に置いた構成である。この水堀は今でもかなり部分が現存し、大手門であった薬医門も当時のままの姿で残っている。

愛媛縣立中學校　　　　　　　　　　　　　●明治後期〜大正初期
県立中学校の校門であったころの西条陣屋大手門。

今治城

愛媛県今治市通町

今治城模擬天守と多聞櫓

1. 吹上城、吹揚城
2. 慶長7年（1602）
3. 藤堂高虎
4. 石垣、堀
5. 天守、鉄御門、多聞櫓5棟、石垣
6. JR今治駅からバス10分

今治城は、築城の名手藤堂高虎の手による。その縄張りは高虎の臣、渡辺勘兵衛により、木山六之丞が普請奉行を担当した。今治城は謂ゆる海城で、瀬戸内海路の確保と水軍の掌握を目的として築かれている。その立地は、瀬戸内海路の難所といわれる来島海峡に面し、来島は来島氏の擁する水軍の根拠地である。

城は北側に瀬戸内海をひかえ、東南西を三重の堀で囲み、堀には海水が引き込まれていた。本丸・二の丸のある主郭部には四隅に櫓を置くが、他の櫓のほとんどは北側に片寄り、海を強く意識した構成である。

現在城址には金櫓などの櫓の他、天守も再建されている。天守に関しては、その存在の有無は確認されていない。一説には、丹波亀山城に天守を移築したともいわれ、再建天守は、亀山城天守の古写真をもとに、高虎の築いた宇和島城・伊賀上野城の天守を参考に設計されたという。疑問の残る天守であるが、今治城の要地を一見にして展望できる。

（今治風景）吹揚城蹟　　　　　　　　●大正8年と思われる消印

今治城本丸・二の丸の石垣と堀。手前右の石垣は本丸西隅櫓の台、左奥は山里門付近。

大洲城

愛媛県大洲市大洲

肱川のほとりに大洲城の苧綿櫓が美しいプロポーションで映じている。櫓の背後は緑濃い城山で、石垣が良く保存されている。本丸にのぼるとかつて四層の大天守と結ばれていた高欄櫓と台所櫓が残る。大天守は明治に失われたが、この2棟の櫓は、松本城天守のように複合連結式の形で一体化していた。高欄櫓はまさに小天守であった。大洲は城下町の武家屋敷街・商家がよく保存されていることでも知られ、城下町探訪客も多い。

大洲城の創築は南北朝争乱期で宇都宮氏が居館を営み、その後大野・河野氏の持城となった。今日残る石垣などが築かれ、近世城郭の型になるのは、文禄4年に入城する藤堂高虎による築城からである。築城は慶長14年（1609）入封の脇坂安治、さらに加藤貞泰に引きつがれた。天守等と現存する建物および三の丸一帯の拡張と南隅櫓は、加藤氏時代に造営された。古写真等により、天守の外容とその豪壮な姿を垣間みることができる。

大洲城　復元天守、高欄櫓、台所櫓

1. 比志城、地蔵ヶ嶽城、大津城
2. 元徳3年（1331）
3. 宇都宮豊房
4. 櫓、石垣、堀
5. 天守、多聞
6. JR伊予大洲駅から徒歩20分

大洲公園（舊城山）遠望　●明治43年の印

肱川より大洲城本丸遠望。台所櫓と右端は高欄櫓。裏に"大洲藤樹會"除幕式のスタンプが押してあり43.10.11の日付けがある。

大洲町裏ヨリ城山ヲ望ム（伊豫） ●大正初期頃
　肱川より大洲城東面を望む。下段やや左に苧綿櫓、やや右上段が本丸、台所櫓と高欄櫓がかすかにみえる。

大洲古城跡ノ遠望（伊豫） ●大正初期頃
　南側より大洲城遠望。手前は三の丸南隅櫓、右奥は本丸、台所櫓（右）と高欄櫓（左）がかすかにみえる。

大洲公園昇リ口ノ矢倉（伊豫）

大洲城本丸 高欄櫓。現存しており近年の天守閣復元に伴い多聞櫓で天守と連結された。

● 大正6年の消印

（日野水絵葉書舗發行）　（伊豫）大洲公園昇リ口ノ矢倉

大洲町及ビ大洲城跡ノ遠望

● 昭和初期頃

東南側より大洲城遠望。中央が本丸、台所櫓と高欄櫓がかすかにみえる。右に肱川。

（三瀬書林）　大洲町及ビ大洲城跡ノ遠望

宇和島城

愛媛県宇和島市丸の内

宇和島城天守

1. 鶴島城、板島城、丸串城
2. 天慶4年（941）
3. 橘遠保
4. 天守、門、石垣
5. —
6. JR宇和島駅から徒歩15分

　現存する宇和島城天守は、三層三階の層塔式独立天守で、寛文5年（1665）伊達宗利によって建築された。三層三階と小さな天守であるが、白亜総塗籠で各階に千鳥破風・唐破風を飾る華麗な姿をしている。この天守は、従来あった天守の再築を幕府に願い出て許可されたもので、宇和島城の築城は、慶長元年（1596）にさかのぼる。

　文禄4年（1595）伊予国宇和郡7万石に封ぜられた藤堂高虎は、この地にあった丸串城に入り、新たにこの地に築城した。これが宇和島城であり、高虎が初めて手がけた城といわれる。高虎時代の天守は、初層六間四方・三層と規模は寛文の現存天守と同じであった。しかし、外装は下見板張りで豊臣系天守の意匠を継承したものである。意匠細部については詳かでなく、現在も議論がなされている。

　城地には搦手口である上立門も残り、山上部の縄張りも明確に残されている。

伊豫宇和島天主閣　　　　●明治41年の消印
明治時代後期の宇和島城天守。規模は小さいが、唐破風や千鳥破風を各面に設置しており、天守としての風格を備えている。

（宇和島名所）嚴然と往古の姿を殘す國寶追手門の偉容　　　　　　　●昭和初期頃
　宇和島城追手門、外部の壁は柱や長押を見せる意匠となっており真壁造である。昭和20年に空襲で焼失。

宇和島市　追手門　　　　　　　　　　　　　　　　　　　　　　　●昭和初期頃
　宇和島城追手門の入口部（門扉部）を外側よりみる。門扉周囲の状況がよく写っている。

（題名なし）左上に「宇和島船場」と書き入れ　　　　　　　　　　　　　　　　　◉明治41年の消印
　左端に黒門脇の隅櫓がみえる。明治後期まで残っていたようであるが現在はなく、堀も埋め立てられている。

伊豫宇和島蓬萊舘ノ景　　　　　　　　　　　　　　　　　　　　　　　　　　　　◉明治後期
　中央の建物は宇和島城の外郭にあった櫓を改造したものではないかと思われる。右上が城山か。

高知城

高知県高知市丸ノ内

高知城本丸を二の丸より望む

1. 大高坂山城、河中山城
2. 慶長8年（1603）
3. 山内一豊
4. 天守、御殿、櫓、門、石垣、堀
5. ―
6. JR高知駅からバスか路面電車10分

　関ヶ原合戦後、西軍についた長宗我部盛親は排斥され、掛川にあった山内一豊が土佐20万石の領主としてこの地に赴任した。一豊は新城を構築すべく慶長6年（1601）大高坂山に起工した。この大高坂山には旧領主長宗我部氏も築城を試みたが、水害にみまわれ工事を断念している。一豊の築城も困難を窮めたが、2年後の同8年には本丸・二の丸が完成した。三の丸他の完成には同16年までを要するに至っている。

　現在城址には大手門を始め、本丸には天守以下本丸御殿、納戸蔵、東多聞、西多聞、黒鉄門、詰門、廊下門、天守東門および諸矢狭間塀が残されている。本丸内はほぼ旧状を留め、姫路城に次ぐ建築遺構を誇る。天守は焼失したものを延享4年（1747）再築されたものであるが、最上階に廻縁をまわし高欄をもつ古式な意匠である。一説に高知城は一豊の旧領掛川城にならったといわれ、天守再築にも一豊の遺風が引き継がれたといえる。

高知公園天主閣　THE TENSHUKAKU IN KOCHI CASTLE.　●大正期

　本丸天守東面をみる。裏面は墨で塗りつぶされているが、消印はみえており、8.8.22のスタンプが打たれている。大正8年と思われる。

高知公園三の丸　SANNOMARU AT KOOCHI PARK.　●明治後期〜大正初期
三の丸より本丸天守　北東面をみる。

高知公園懐徳館　●大正後期〜昭和初期
現存している本丸御殿、懐徳舘と呼ばれている。紀念スタンプが押されている。

高知公園　THE PARK, AT KOOCHI.　　　　　　　　　　　　●明治後期〜大正初期

東側より本丸を望む、中央手前が追手門、上部奥に天守。今日、木々が茂り、このような風景は撮れない。

土佐　高知公園（其二） 　　　　　　　　　　　　　　　　　　●昭和初期

東側下部より天守を見上げる。

九州・沖縄の城

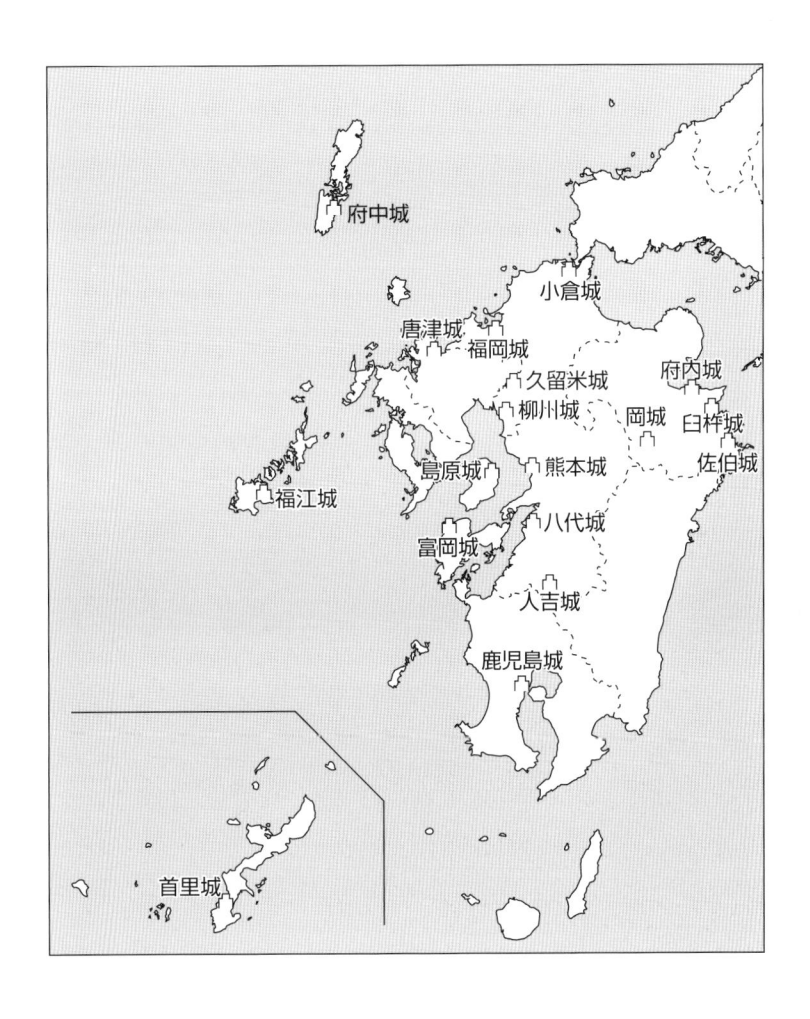

福岡城

福岡県福岡市中央区城内

福岡城南ノ丸多聞櫓

1. 舞鶴城、石城
2. 慶長6年（1601）
3. 黒田長政
4. 櫓4棟・門3棟、石垣、堀
5. 二の丸北隅櫓、大手門
6. 福岡市営地下鉄赤坂駅から徒歩

　慶長5年（1600）関ヶ原合戦の功により、黒田如水・長政父子は、中津12万石から筑前52万石に加増となった。筑前には小早川隆景の築いた名島城があったがこれを廃し、福崎の地に新城の築城にかかった。これが福岡城であった。同十二年完成をみた福岡城は、九州諸大名の加勢もあったといい、総面積二十四万平方㍍を誇る九州最大の城郭となった。

　総石垣・総構えをもった福岡城は、二重・三重の大小櫓四十七棟をもつ大城郭であった。天守は造立直後に破却された。現在天守台を中心とする本丸周辺の石垣が残されており、天守台の規模からは五層の天守が建造された筈であったのだろう。天守が取り壊された理由として、徳川家への遠慮などの見方が強いがその真相は定かでない。

　現在大手下の門内に潮見櫓、その他南丸多聞櫓、御祈念櫓他などが各所に残されている。また、母里太兵衛邸の長屋門も城内に移築され、移築された諸櫓・門も幾つか現存する。

福岡舞鶴城趾　THE OLD MAIZURU CASTLE, AT FUKUOKA.　●明治後期〜大正初期
手彩色にも掲載した福岡城松ノ木坂御門付近の状況。建物は屏風櫓、現在は残っていない。

歩兵第二十四聯隊射撃場 ●明治後期～大正初期

西北から南の丸を望む。中央付近に多聞櫓（北角櫓・西平櫓）がみえる。左に建物が続いているようである。多聞櫓の右下にみえるのは追廻門と思われる。当時は歩兵第二十四連隊が城内に入っており、このあたりは射撃場であったようだ。

（福岡と博多名所）鎮西の堅城と謳はれし舞鶴城の名残をとどむる福岡城趾 ●昭和初期

北側に構えられた2ヶ所の大手門の内、下の橋大手門。上の櫓部分はなくなっている。2000年に火災にあったが、近年、上部の櫓部分も含めて復元されている。

崇福寺佛殿舊福岡城樓櫓

●明治後期～大正初期

明治時代の後期に市内崇福寺に移築された花見櫓（手前）と潮見櫓（奥）。現在、解体され、部材は保存されて城内への復元を待っている。崇福寺には現在、本丸表御門が寺の入口の門として使用されている。早期に城内へ戻し、修理・復元されることを期待する。

福岡城武具櫓

●大正後期～昭和初期

大正時代に市内浜の町の黒田別邸に移築された当時の本丸武具櫓と東三階、西三階櫓を内側からみる。昭和20年の空襲で焼失。

小倉城

福岡県北九州市小倉北区

小倉城復興天守

1. 勝山城、指月城
2. 慶長7年（1602）
3. 細川忠興
4. 石垣、堀
5. 天守、模擬櫓、庭園
6. JR西小倉駅から徒歩10分

　小倉の地に初めて城が築かれたのは、鎌倉時代まで遡るといわれ、それ以前からも軍事拠点が置かれたという要衝の地である。本州と九州を結ぶ渡海地点であり、関門海峡を押さえる重要な地であるからだ。

　現在本丸一帯の石垣や堀の遺構をみせる小倉城が築かれたのは、慶長7年（1602）のことである。関ヶ原合戦後、豊前及び豊後の内に所領を得た細川忠興は中津城を居城とした。慶長7年に小倉に築城し、居を移したのである。

　小倉城といえば、南蛮造りといわれる天守が言い伝えられる。小倉城天守の史料は多く残されており、現在の復興天守もその規模は史料を元に建てられている。しかし、本来の天守には飾りの破風は一切付けられないシンプルな層塔式南蛮造りの天守であった。また、小倉城は天守だけでなく縄張り面でも秀れた普請がされ、その規模も大きく総構えをもち、櫓数145棟をもつ大城郭であった。

勝山城址
小倉城本丸天守台と堀。石垣面には雑草が生い茂っている。

●昭和12年と記載

小倉名所　勝山城趾　●昭和初期
小倉城址北側の石垣と堀。

城趾（小倉）The ruin of castle Kokura　●明治40年の消印
小倉城址の石垣と堀。

（小倉）勝山公園ヨリ紫川ノ光景　The Park Kazuyam Kōen Kokura　　●明治後期
　小倉城址東側の石垣と紫川。

（小倉名所）小倉師團司令部ヲ望。　　●昭和初期
　この写真は以前の古写真関係書の説明では新宮城や福岡城と紹介されていたものである。小倉城が正しいかは調査する必要がある。

久留米城

福岡県久留米市篠山町

久留米城本丸石段

1. 篠原城、篠山城
2. 16世紀末
3. 毛利秀包
4. 石垣、堀
5. —
6. JR久留米駅からバス7分

　この地に初めて城館が築かれたのは、戦国期初頭の土豪による砦であったという。天正15年（1587）の豊臣秀吉の九州平定後、当地に入封した毛利秀包により今日に伝わる近世城郭の久留米城が築かれる。関ヶ原役にて豊臣方へ付いたため秀包は除封され、筑後は田中吉政が領するところとなる。吉政は柳河城を本拠とし、当城には嫡子吉信を入れている。田中氏の世嗣断絶後は有馬豊氏が封じられ、当城の大幅な改修を行っている。筑後川と宝満川合流点を見下ろす丘陵上に当城は位置する。筑後川を背にする本丸から二の丸、三の丸と連郭式に連ね、周囲の平地が外郭を構成する。本丸のみは石垣造りであり、二重多門櫓が全周囲を取り巻き、二層と三層の櫓が7基も連結される豪壮なものであった。なかでも三層の巽櫓は、天守代用として充分過ぎるほどの大きさを誇っていた。明治となり建物はすべて撤去され、現在は水堀の一部と本丸の高石垣を残すのみとなっている。

篠山城趾　THE RUIN SASAYAAMA CASTLE　●明治後期頃
久留米城東南側より本丸の石垣を望む。中央一段上の石垣は巽櫓台。

（久留米名所）篠山城蹟　　　　　　　　　　　●大正後期〜昭和初期
　久留米城本丸南側入り口御門付近の状況。

（久留米名勝）篠山城趾　　　　　　　　　　　●昭和戦前
　久留米城本丸南西角部分の石垣。

筑後名勝　篠山城跡　　　　　　　　　　　　　　　　●明治後期～大正初期
久留米城本丸東南角部分の東面をみる。一段上の石垣が巽櫓台。

縣社篠山神社境内より筑後川の遠望。　　　　　　　●昭和初期
久留米城の東に位置する筑後川を本丸より望む。

柳川城

福岡県柳川市本城町

柳川城松濤園

1. 立花城
2. 永禄年間、慶長6年（1601）
3. 蒲池鑑盛、田中吉政
4. 天守台、石垣、堀、御花御殿
5. ―
6. 西鉄西鉄柳川駅からバス・タクシー10分

　柳川城の堀割が残る柳川市は、立花家11万石の城下町として栄えた街である。水面に緑の映える美しい街並であるが、柳川城の遺構は、天守台跡と堀割に見るのみである。
　この地に初めて城が築かれたのは、永禄年間（1558〜70）蒲地鑑盛のときといわれる。天正の頃には龍造寺氏との抗争の場となり、天正9年（1581）には龍造寺氏の持城となった。しかし、同15年秀吉によって九州が平定されると、立花宗茂が城主となった。柳川城が大幅に整備改修されたのは、関ヶ原合戦後に筑後32万石を得てこの地に入った田中吉政のときである。この時に、現在みる堀割などの整備がされ、明治5年まで残された五層五階の天守が建てられた。この天守は福山城天守に似た層塔式天守で、千鳥破風・唐破風が多用された意匠で、天守建築完成期のものであった。
　田中氏のあと立花氏が再度入封し、今もその子孫が大名庭園を持つ藩主別邸を守っている。

柳川城阯（大正十三年　東北隅ヨリ撮影）　　●大正13年
大正後期の柳川城跡の状況、城跡の面影は見あたらない。

柳河城跡　THE RUN OF THE CASTLE AT YANAGIGAWA.　　　●明治後期頃
明治後期頃の柳川城跡の状況。

柳川代阯隍（大正十三年西南隅撮影）　　　●大正13年
大正後期の柳川城跡の状況。

佐賀城

佐賀県佐賀市城内

佐賀城復元本丸御殿

1. 佐嘉城、栄城、亀甲城、沈み城
2. 不明
3. 龍造寺氏
4. 鯱の門、続門、石垣、堀
5. 復元（本丸御殿）
6. JR佐賀駅からバス10分

　九州の戦国大名、龍造寺隆信が天正12年(1584)に戦死し、家臣であった鍋島直茂が実質的に当地を支配していた。慶長4年(1599)になり、直茂は旧主の龍造寺氏が長年本拠としてきた村中城を基に佐賀城築城に着工する。一応の完成をみるのは、直重の子勝茂の代となってからである。本丸を東南隅に置き、全城域と本丸の周囲を極めて幅の広い水堀が取り囲む。本丸の東側以外の三方の水堀は、現在もほぼ完存する。本丸だけが総石垣となっているのは、元和一国一城令の影響であったという。当城は火災に見舞われることが多く、享保11年(1726)には、五層天守を含め本丸、二の丸、三の丸を全焼。以降、天守は再建されなかった。本丸御殿など建造物は明治維新後も存続し利用されていたが、明治7年(1874)の佐賀の乱にて、本丸を残しほぼ全壊した。今に残る建物は鯱の門及び続門だけだが、現在復元整備計画が進行しており注目される。

（日本古城集ノ内）佐賀城址　●明治後期頃

現在も残っている本丸鯱の門。赤松尋常小学校の門になっていた。

佐賀測候所
明治20年に本丸天守台上に建設された佐賀測候所、後の佐賀地方気象台である。昭和13年に移転されており、現在は天守台のみが残っている。

●明治後期頃

佐賀西堀端　SIDE OF WEST MOAT, SAGA
佐賀城西側の堀の状況か、樹木が生い茂っている所が城内と思われる。

●明治42年の消印

唐津城

佐賀県唐津市東城内

唐津城模擬天守

1. 舞鶴城
2. 慶長7年（1602）
3. 寺沢広高
4. 石垣、堀
5. 天守（模擬）、櫓（復元）、門、石垣、堀
6. JR唐津駅からバス10分

唐津城は慶長7年（1602）から寺沢広高によって築かれたという。寺沢広高は豊臣大名の一人で、文禄の役の恩賞として名護屋を含む波多氏の旧領8万石をあてがわれた。文禄の役ののち名護屋城を預けられ、広高は一時名護屋城を本拠とした。

関ヶ原合戦で徳川方についた広高は合戦後四万石を加増され、辺境の名護屋城を廃し唐津に築城を始めた。松浦川河口の丘に本丸を置き西に二の丸・三の丸・外曲輪を構えた平山城で、城下町を周囲四キロの外堀で囲む惣構えをもった城であった。現在本丸天守台上には五層の天守が建ち（昭和41年建造）、櫓門も構えられているが、実際には天守は上げられなかった。

寺沢氏は二代堅高のときに領内天草より発した島原の乱で減封、その後堅高の自害により家名断絶となった。一時天領となったが、慶安2年（1649）大久保氏を始め徳川家譜代大名五氏が入り小笠原氏で明治を迎えた。

（唐津名所）唐津公園天主臺　A famous Place Karatsn.　●昭和初期

唐津城本丸の石垣。天守台が写っているが、天守建築は建てられないで明治を迎えた。現在はこの天守台の上に城郭風模擬天守が建っている。

（日本古城集ノ内）唐津舞鶴城址　MAIZURU CASTLE,KARATSU.

唐津城登城口の階段と石垣。

●明治後期

満島より唐津公園を眺む

満島（現在の東唐津）から唐津城址遠望。

●昭和初期頃

福江城

長崎県五島市池田町

福江城搦手門

1. 石田城
2. 嘉永2年（1849）
3. 五島盛成
4. 蹴出門、石垣、堀
5. ―
6. 福江港から徒歩10分

　福江藩は肥前の五島列島全域を治め、江戸時代は一貫して五島氏が藩主を務めた。平安期末の壇ノ浦の合戦後、平清盛の弟家盛が肥前宇久島へ落ち延びたという。子孫が支配を宇久島から五島列島全域まで広げ、五島氏を称するにいたる。立藩当初は江川城を本拠としたが、のち石田陣屋へ移る。文化3年（1806）、五島盛運は頻発する異国船の近海出没に備えるため築城を願い出るが、幕府はこれを却下。以降、五島家は幕府へ築城の嘆願を繰り返し、これが認められたのが嘉永二（一八四九）年、盛運の孫盛成の代となっていた。福江城は14年の月日を経て、幕末押し迫った文久3年（1863）にようやく完成。藩主は既に盛成の子盛徳へと代わっており、幕政下で最後の築城となった。三方が海に面した海城で、二重の堀に囲まれ、本丸の二重櫓が天守の代用であった。明治を迎え僅か九年で解体されたが、現在も搦手の蹴出門や石垣、外堀の一部が残されている。

五島藩舊石田城外趾　Ishida Castle at Goto Fukue.　●明治後期頃

　福江城搦手の状況。右側の高麗門と両脇の塀は現存している。高麗門の奥にみえる櫓門は残っていない。搦手周囲が写っている珍しい写真である。

五島藩舊石田城内堀之蓮花　Lotus Flower of Moat Castle Goto Fendal

●明治後期頃

福江城本丸の石垣と堀、二の丸へ通じる石橋もみえる。裏面には"肥前五島福江　梁瀬商店發行"と記載されている。前ページの絵葉書も同様である。

長崎縣立五島中學校　MIDDLE SCHOOL OF GOTO

●大正後期頃

福江城本丸跡。現在は五島高校の敷地になっている。撮影されている城門は現存する。

府中城

長崎県対馬市厳原町

府中城大手櫓門（復元）

1. 金石城、金石舘
2. 享禄元年（1528）
3. 宗将盛
4. 石垣
5. 大手門（復元）
6. 厳原港から徒歩18分

宗氏は鎌倉期より対馬の支配勢力として活躍し、南北朝期に対馬守護となる。関ヶ原役では西軍へ与したが、古くより朝鮮半島との繋がりが深く、幕府より対馬領を安堵され、朝鮮との交易権も認められる。室町期にあたる享禄元年（1528）、一族間の争いにてそれまで居館だった池の舘を焼失し、金石舘とも称された当城が築かれる。清水山と金石川にはさまれた平地に位置した平城である。天守はあげられなかったが、本丸大手口の二層櫓門をその代用にあてたともいう。のちになって、北に二キロメートルほどの場所に桟原城を築いているが、当城も明治維新まで存続し続けた。現在も周囲には特徴的な石垣が残されており、当時の姿を偲ばせてくれる。大手櫓門は大正8年（1919）に解体されてしまったが、平成2年（1990）になって復元されている。桟原城の方は現在、陸上自衛隊対馬駐屯地となっているが、こちらも一部に石垣が残存している。

厳原金石城　Kinseki Castle, Itsuhara.　●大正期

解体前の大手櫓門、下層の門部分の上に二層櫓を載せた三層構造の珍しい櫓門。全体の状況が比較的よく写っている写真である。下層部に付けられた庇屋根と柱や長押をみせる真壁が特徴である。

（日本古城集ノ内）對馬嚴原城　IZUHARA CASTLE,TSUSHIMA.　●明治後期

府中城大手櫓門。櫓一層目に出入り口の扉がみえる。古写真集でもよくみかける写真である。

島原城

長崎県島原市城内

島原城外観復元天守と本丸

1. 森岳城、高来城
2. 元和4年（1618）
3. 松倉重政
4. 石垣、堀
5. 天守、丑寅櫓、西櫓、巽櫓（模擬・外観復元）
6. 島原鉄道島原駅から徒歩10分

　慶長19年（1614）に有馬直純が日向延岡へ転封となったのち、天領となっていた当地に松倉重政が入封する。元和2年（1616）のことであった。当初重政は、有馬氏も居所とした日野江城に入ったが、同4年より島原城の築城を開始する。概ね長方形をなす連郭式の城域は、外周ほぼ4kmに渡り塀をめぐらせていた。夥しい数の櫓を構え、本丸には五層の天守があげられた。今も残る本丸、二の丸高石垣と水堀が醸し出す豪壮さは、巨城のみが発するものである。七年以上に渡る築城に動員された人夫は、のべ百万人を超えるという。結果として無理を強いられたのは領民である。過剰な重税、滞納者への過酷な懲罰。圧制に不満が高まったところへ急激な切支丹弾圧が加わり、寛永14年（1637）に島原の乱が勃発することになる。明治となり、天守をはじめ全ての建物は破却された。昭和になって天守と櫓三基を建てなおし、現在は公園化されている。

肥前島原舊城跡　THE RUINS OF SHIMABARA CASTLE　●大正初期

本丸址を南東側より見る。中央部分の石垣上には巽三重櫓が、右端の石垣上には丑寅三重櫓が建っていた。石垣中央部の角が2か所あるように見えるが、横長写真の折れ目が見えているものであり、石垣の角ではない。

肥前島原舊城跡　A RUIN OF SHIMABARA CASTLE, HIJEN　　●大正初期
本丸東面の石垣を南東側から見る。右側の石垣が丑寅櫓の建っていた所である。

森岳城　　●昭和初期頃
島原城本丸の石垣と堀。

熊本城

熊本県熊本市本丸地内

熊本城宇土櫓と高石垣

「日本三名城」の一つに数えられる熊本城は、豊臣大名加藤清正の築城によることは余りにも有名である。熊本城は維新後も鎮台が置かれ、西南戦争の舞台となったものの破却されなかったため、清正の築城技術を現在に伝えている。

熊本城が清正によって築かれ始めたのは、慶長6年（1601）といわれ、同12年におおかたの完成をみたという。完成した熊本城の威容は、明治初年に撮された古写真によって偲ぶことができる。現在でも、宇土櫓をはじめとする諸櫓・門が現存し、ほぼ完存する石垣は見る者を圧倒する。現在の大小天守は、昭和三十五年に鉄筋コンクリート造りで再建されたものだが、外観はほぼ完全に旧状を復原している。三層六階地下一階の大天守は威容であるが、盛時には、天守の他に6棟の五階櫓があがり、40を超える櫓や門の城郭建築が建ち並んでいた。その要害性は高く、近代戦でもその実績をのこした城であった。

1. 銀杏城
2. 慶長6年（1601）
3. 加藤清正
4. 宇土櫓ほか櫓10棟、櫓門、長塀、石垣、堀
5. 大小天守、平櫓、馬具櫓（外観復元）、西大手門・数奇屋丸二階広間・南大手門・西出丸戌亥櫓、長塀、飯田丸五階櫓他
6. JR熊本駅から徒歩30分

（熊本百景）熊本旧城　其一　The Former Kumamoto Castle　●明治後期〜大正初期
明治初期の古写真を絵葉書にしたもの。右より大天守、小天守、宇土櫓。大天守・小天守は西南戦争直前の明治10年2月に焼失している。

●昭和初期

西北方ヨリ見タル宇土櫓

宇土櫓と続櫓を北西側より見る。宇土櫓最上層の屋根には鯱がついている。昭和2年の解体修理後の状況である。手前左下は櫨方の長屋門ではないかと思われる。

(禁再写) 　　櫓土宇ルタ見リヨ方北西　　(種六第)

●大正後期頃

(熊本百景) 現在の熊本城宇土櫓

(熊本百景)
現在の熊本城宇土櫓
KUMAMOTOJIO

宇土櫓と続櫓を北西側より見る。宇土櫓には鯱がついていない。鯱は昭和2年の解体修理の時に取り付けられており、写真はそれ以前の状況。初重　角の石落しの形状も改造されている。

熊本城嶽ノ丸城門 ●昭和初期頃
　竹の丸にあった城門と思われる。現在は残っていない。

歩兵第十一旅團司令部本門向合門 ●昭和初期頃
　飯田丸西側に位置する西櫓門。元々は上部に櫓があったが、写真では取り除かれている。現在はこの門自体も取り外され、部材は城内に保存されている。

熊本城北門ノ入口 ●昭和初期

北東付近の状況。細い道は不開門への坂道である。中央に不開門の一部が、左側には五間櫓と北十八間櫓が見える。昭和4年のスタンプ印が押されてる。

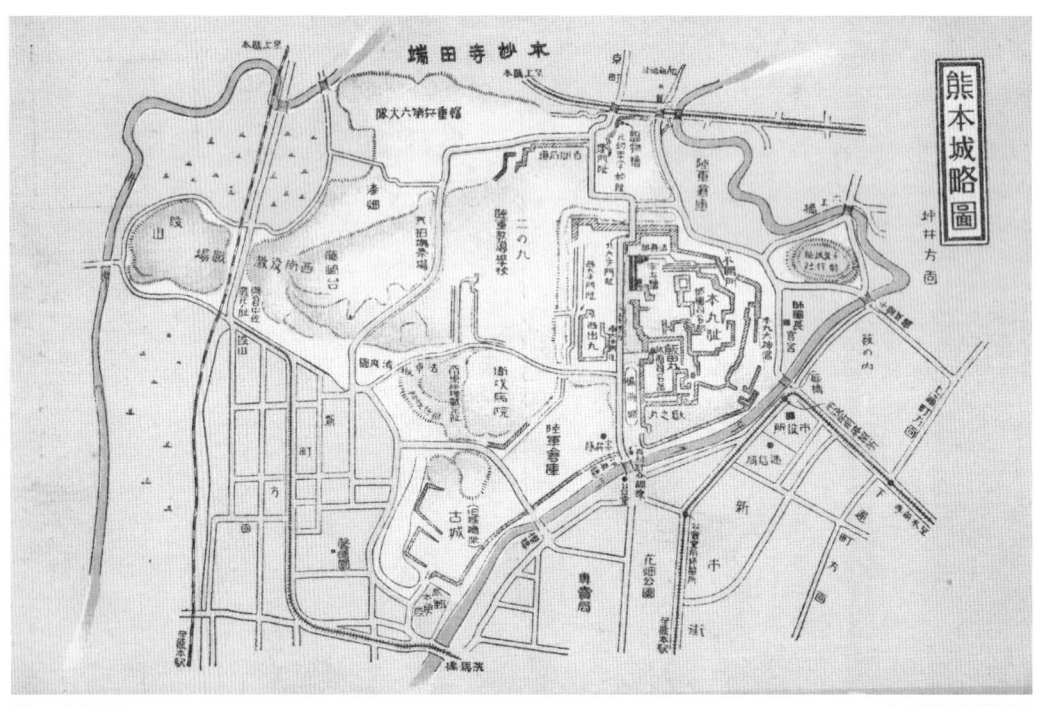

熊本城略圖 ●昭和初期頃

熊本城周辺の地図を絵葉書にしたもの。実物は着色されている。

八代城

熊本県八代市松江城町

八代城本丸天守台石垣

1. 白鷺城
2. 慶長14年（1619）
3. 加藤正方
4. 天守台、石垣、堀
5. ―
6. JR八代駅からバス10分

　八代城は、熊本城の支城として球磨川河口に築かれた城である。天正16年（1586）、肥後国を支配していた小西行長の家臣小西美作が麦島城を築いたが、関ヶ原の戦のさい、加藤清正の侵攻を受け落城。肥後国は加藤清正の支配となり、麦島城には、加藤家の老臣加藤正方が城代として入城した。元和5年（1619）九州を襲った大地震により、麦島城は損壊。加藤正方は、麦島城の前面北岸の地に新城として八代城を築いた。元和一国一城令のもと外様大名の支城に築城許可が出た珍しい例である。城は土木・建築の技術を駆使した堅固な城郭であった。加藤家が寛永9年（1632）に改易され、細川家の領国となるが、八代城も支城として存続した。寛文12年の落雷で天守以下が焼失し、天守以外は再築され、その後数度の火災を経て明治維新を迎えた。明治の廃城令により建物は取り除かれ、大書院は学校に転用されていたが、昭和61年（1986）に焼失。現在は、本丸の石垣を残すのみである。

（肥後八代）八代城跡　　　　　　　　　　●昭和初期
　八代城本丸北西面。天守台と搦手口をみる。

人吉城

熊本県人吉市麓町

人吉城復元大手続の隅櫓

1. 繊月城、三日月城
2. 鎌倉時代初頭か
3. 相良氏か
4. 石垣、堀、土塁
5. 隅櫓、多門櫓、続塀（復元）
6. JR人吉駅から徒歩15分

　源頼朝の臣で遠江相良の国人相良長頼が、元久2年（1205）に肥後人吉の地頭となる。この時に築いた居館が人吉城の原型とされるが、これ以前にも城館があったとの伝承もあり明らかでない。戦国期頃は球磨川と支流の胸川で挟まれた一帯の台地を、自然谷や堀切で区画、上原城、中原城、下原城と内城を並べていた。天正15年（1587）、長毎の代に九州征伐へ臨む豊臣秀吉に臣従。小大名ながら存続が叶い、同17年頃より近世城郭化に着手、寛永16年（1639）に完成する。高石垣が囲む本城へ本丸、二の丸、三の丸を段状に配置、さらに御舘と外郭が続く。一部の石垣には最上部の積石を外部に張り出させる跳出石垣を用いるなど技巧も凝らす。江戸時代の二度の出火で城は全焼し、一部復旧されていた建物も、明治10年（1877）の西南戦争で壊滅した。近年、隅櫓や多門櫓が復元され、現存石垣群とともに威を誇る。井戸のある地下室遺構も必見である。

（肥後人吉）球磨川畔の繊月城　　　　　　　　　　●大正期頃
球磨川沿いに西北面の石垣を見る。中央の石垣は角櫓の台で現在、この石垣上に角櫓が復元されている。

（肥後人吉）人吉城の跡 ●大正期頃

北側の水の手門付近の石垣。上部が突き出した"武者返し"になっている。

肥後人吉繊月城内球磨川下りの發船場　HITOYOSHI HIGO ●昭和初期

人吉城跡の石垣と球磨川。多くの船と人々が写っている。

富岡城

熊本県天草郡苓北町富岡

富岡城本丸石垣

1. 臥龍城
2. 慶長7年（1602）
3. 寺沢広高
4. 石垣、堀
5. 櫓、門、石垣（外観復元）
6. 富岡港より徒歩20分

慶長6年（1601）、前年の関ヶ原の戦にて功のあった唐津城主寺沢広高に天草郡が与えられた。唐津藩からは飛び地の当地を治めるため築かれたのが富岡城である。当城は、典型的な陸繋島の南東側高地を占めている。城域南側の細長い砂州上を経由しなければ、陸上からの攻撃は不可能。東側の海には砂嘴も発達し、これを用いて武装を固めれば、容易に上陸もかなわない。何より本丸から海上への視認性は抜群であり、非常に要害性の高い選地であった。寛永14年（1637）に勃発した島原の乱と同時に、天草でも一揆が反乱を起こすが、当城はついに落ちることなく凌ぎ切る。寛文4年（1664）、城主となっていた戸田忠昌は、領民へ負担を軽減するため城域の過半を自ら破却。三の丸だけを陣屋として残した。翌年の忠昌移封後は天領になり、陣屋は代官所として明治を迎える。近年、発掘調査結果と城絵図を頼りに本丸が再現され、衆目を集める存在となっている。

古城の面影（天草富岡） ●大正期頃
大正期頃の富岡城跡の状況か。大手口から登城坂をみた状況。

府内城

大分県大分市荷揚町

府内城復元大手門

1. 荷揚城、白雉城、大分城
2. 慶長2年（1597）
3. 福原直高
4. 宗門櫓、人質櫓、石垣、堀
5. 隅櫓四基、大手門、廊下橋（復元）
6. JR大分駅から徒歩15分

　戦国期まで豊後を中心に活躍し、守護まで務めた大友氏は、文禄2年（1593）に改易となってしまう。慶長2年（1597）年に臼杵から福原直高が転封され、大友氏の拠点であった府内へ入部する。すぐに近世城郭の築城を決め、選地したのは大分川の河口近くであった。船の荷降ろしの場で荷落という地だったが、縁起を担ぎこれを荷揚と改称させた。荷揚城は慶長4年（1599）年に部分的な完成をみるが、ひと月ののちに直高は再び臼杵に転封される。続いて入部した早川長敏は、直高とともに関ヶ原の役で豊臣方につき除封された。次の竹中重利の支配下でさらに修築を行い、当城はついに完成する。本丸を中心に、東丸、西丸、山里丸が取り囲み、これらの西及び南を三の丸が覆い、北と東は海に接続した海城である。本丸には四層天守があげられていた。寛保3年（1743）の大火で、天守を始め多くの櫓や建物を失ったが、貴重な人質櫓と宗門櫓が今も残る。

大分城（豊後） The Formerly-Castle in Japan.　　●明治後期頃
手前右より東の丸西南隅櫓（到着櫓）、宗門櫓（現存）、左端に西の丸西南隅櫓。宗門櫓以外は戦災で焼失したが、現在は復元されている。

大分縣廳　A FAMOUS PLACE OF OOITA KENCHOO　　●明治後期頃
　手前右に東の丸西南隅櫓、その左に大手門の一部が見える。左端は西の丸西南隅櫓。明治44年7月8日の消印。

（大分名勝）大分縣廳（府内城趾）　　●大正期
　東の丸西南隅櫓（到着櫓）西南面。戦災で焼失し、現在は復元されている。大正7年2月26日のスタンプ印が押されている。

（大分名勝）大分縣廳　●昭和初期
　西の丸を東南側よりみる。手前右が大手門、中央に宗門櫓、左に西の丸西南隅櫓。大手門の屋根上には鐘楼が付いている。

（大分名所）輪奐壯大なる大分縣廳　VIEW OF PREFECTURAL OFFICE, OITA　●昭和初期
　西の丸内部より見た大手門西面。手前の建物は大分県庁。

大分縣廳（別府附近）　Oita Prefectural Office　　　　　　　　●明治後期～大正初期
　左手前より西の丸西南隅櫓、宗門櫓、大手門。右奥に東の丸西南隅櫓（到着櫓）。西の丸西南
櫓の窓には黒塗りの突上戸が付いている。この櫓の写真はよく見るが、突上戸が付いたものは
少ない。

（大分名勝）縣廳（其二）　DIE BERUHMTE LANDSCHAFT ZU OITA　●大正初期頃
　西の丸西面の石垣と塀。右端は西南櫓。この角度からの写真は珍しい。

岡城

大分県竹田市竹田

岡城本丸高石垣

1. 臥牛城
2. 文治元年（1185）、文禄3年（1594）、寛文4年（1664）
3. 緒方惟栄、中川秀成
4. 石垣
5. ―
6. JR豊後竹田駅から徒歩20分

岡城の創築は伝説の域を出ないが、文治元年（1185）源義経を迎えるために緒方惟栄が築いたと伝えられる。南北朝期には大友氏の支族志賀貞朝が改修を加え、これを居城としたと伝える。志賀氏は、文禄2年（1593）大友氏の改易とともにこの地を去るまでの二百数十年間この地を支配した。

岡城での合戦の大きなものは、天正14年（1586）の島津氏による城攻めである。この時一千の城兵が守る岡城を島津軍3万5000が攻めたが、島津軍は大敗を喫し、豊臣軍南下の報に敗走したという。

志賀氏の去った跡を受けたのは中川秀成であった。秀成は中世城郭であった岡城を総石垣の城とし、三層の天守を始め楼閣を上げて近世城郭とした。今に残る高石垣はその時のものであり、石垣技術の発達した時期のものである。天守他の城郭建築は、明治初年まで残され、古写真によって往時を偲ぶことができるが、現在は一切残されていない。

岡城公園　●昭和初期
岡城跡、本丸の石垣。滝廉太郎が作曲した名曲【荒城の月】で有名な城である。

豊後竹田・岡城趾大手門 ●昭和初期
岡城登り口。上部には大手門の石垣が見える。

岡城趾本丸 ●昭和戦前
岡城本丸の石垣を西南側よりみる。上段が本丸で手前右側が御三階櫓台。

臼杵城

大分県臼杵市臼杵

臼杵城復元二の丸櫓門

1. 丹生島城、巨亀城、金亀城、亀城
2. 永禄5年（1562）
3. 大友宗麟
4. 曲輪、畳櫓、卯寅口門櫓、石垣、空堀、堀
5. 大門櫓
6. JR臼杵駅から徒歩10分

　大友氏の本城は、府内（大分市）の大友館であった。戦国時代には大内氏との間で北九州地域の支配権をめぐり争いが絶えなかった。永禄4年（1561）には大内氏に替り、毛利氏が進出を企てた。大友義鎮（宗麟）は毛利氏の侵攻に備え、また海外貿易の意図をもって臼杵丹生島に築城した。これが臼杵城である。義鎮は子義統を大友館におき、自らが臼杵城に入った。この時の臼杵城は丹生島全島を城塞化し、一つの橋によって城下に繋がる構造であった。現在この地は完全に陸地に組み込まれているが、当時は臼杵湾に浮ぶ島であった。

　慶長2年（1597）太田一吉のときに、三の丸が構築された要害を重視する中世城郭から近世城郭へと変化してくる。稲葉氏のときにそれがほぼ整い完成をみたという。当時の建築のうち現存するものは、卯寅口門脇櫓と畳櫓の2つだけで総二階の珍らしい形式を残している。

臼杵公園　丹生ノ島城址　時撞樓　　　　　　　　　　●昭和初期

　臼杵城畳櫓、昭和初期の状況。畳櫓は現存しており、手前の時鐘堂は明治時代に増築されたものである。

大分縣臼杵市街全景　其一　　　　　　　　　　　　　●昭和初期頃
臼杵城跡遠望。樹木が生い茂っている所が城址で畳櫓がかすかに見える。

臼杵公園　丹生ノ島城址空堀附近ノ景　　　　　　　　●昭和初期
昭和初期頃の臼杵城本丸の状況。手前の落ち込みが空堀。

佐伯城

大分県佐伯市城山

佐伯城三の丸櫓門

1. 鶴谷城、鶴屋城、鶴ヶ城
2. 慶長7年（1602）
3. 毛利高政
4. 三の丸櫓門、石垣
5. ―
6. JR佐伯駅からバス10分

慶長6年（1601）、豊後日田隈城から佐伯の地へ移封され、栂牟礼城へ入る。比高二百メートルを越える峻険な山城であったため、近世的な支配拠点に向かないと判断。翌年より番匠川河口近くの八幡山に佐伯城築城を開始する。山頂部を削平し、南北に北出丸、本丸、二の丸、西出丸と連なり、本丸がやや東側に出張る。本丸周囲には外郭が取り囲む。当城も比高にして130mを越え山城に属するが、近世城郭らしく総石垣となっている。本丸には三重の天守があげられていたが、元和3年（1617）に焼失、以降再建されることはなかった。三代高尚は寛永14年（1637）、東南の麓にも石垣を積み三ノ丸として整備し、ここに三の丸御殿を置き居所を移した。三ノ丸に築かれた櫓門は唯一の現存建築物であり、これは享保11年（1726）に再建され、今に残る。山上の石垣もほぼ完存しており、宝永6年（1709）に修築された姿を残している。

豊後佐伯舊城三ノ丸 ●明治後期頃

佐伯城三の丸櫓門。後ろに御殿の一部が見える。櫓門は現存しているが、御殿は昭和45年に取り壊され、一部が移築され残っている。

（大分縣佐伯）公會堂　舊三の丸　　　　　　　　　　　　●昭和初期頃
佐伯城三の丸の状況。右が御殿、左端が大手櫓門。

（大分縣佐伯）舊城三の丸　　　　　　　　　　　　　　●昭和初期頃
現在も残っている佐伯城三の丸大手櫓門。

鹿児島城

鹿児島県鹿児島市城山町

鹿児島城大手門

1. 鶴丸城
2. 慶長6年（1601）
3. 島津家久
4. 石垣、堀、石橋
5. ―
6. JR鹿児島駅から徒歩15分

　背後に城山を控え、前面に鹿児島湾・桜島を望む狭小な平地に鹿児島城はある。島津77万石の居城であるが、その規模は小さく石垣・水堀で三面を囲う本丸と、それに並列する石垣囲いの二の丸で構成される。

　この城が築かれたのは、慶長7年（1602）島津家久の時とされる。関ヶ原合戦の二年後のことであるが、島津氏においては中世的な領国支配が根強く残されていた。後背地に詰の城を置き館を構える築城形態は、江戸時代を通じて存続された独特の支城制（外城制）にもみられる。鹿児島城はその頂点に位置する近世城郭の技法で築かれた城といえる。

　中世城郭の一面を持つ鹿児島城は、西南戦争でいきなり近代戦の洗礼をうける。結果は周知の通りであるが、今もその時の銃痕が本丸石垣にみられる。旧城域は市街化され、博物館等の施設が建つが、本丸石垣は完存し、城山にも堀切などが残る。本丸北東隅の鬼門除け（入隅）も一見の価値がある。

鶴丸城跡高等學校造士舘　　　　　　　　　　●明治後期

本丸東面の石垣と堀。橋が架かっているところに本丸入口である御楼門があった。明治42年1月1日の消印が押されている。年賀状として出されている。

明治以前之鹿児島城　　　　　　　　　　　　　　　　　●明治後期頃

　明治初期の古写真を絵葉書にしたもの。右より兵具所多聞（二階造りの多聞櫓）、御楼門、左が角櫓。よくみかける鹿児島城の古写真である。

鹿兒島百景　VIEWS OF KAGOSHIMA　　　　　　　　　　●大正後期

　右：鶴丸城址。本丸の石垣を東北側からみる。右手前が東北隅で鬼門除けになっている。
　左：第七高等学校の正門。本丸正門であった御楼門跡。

首里城

沖縄県那覇市首里

首里城復元正殿

1. ―
2. 14世紀末
3. 尚巴志
4. 石門、石垣
5. 正殿・門・御嶽・城壁
6. 沖縄都市モノレール線首里駅から徒歩15分

　首里グスクの創建は詳らかでなく、少なくとも首里が琉球の首府となり、首里グスクが政庁となったのは第一尚氏の頃で、15世紀初頭である。
　発掘調査の結果、首里グスクには三期の遺構があることが判明した。第一期は第一尚氏の巴志が築いた初期の政庁で、第二期は、1453年の志魯・布里の乱で焼失したものを再建した第二尚氏三代の尚真王のときである。1660年失火により焼失した政庁は復旧が遅れ、1671年尚象賢によって再築されたのが第三期とみられている。昭和20年の沖縄戦で焼失するまで、その威容を誇ったものが1715年に再築されたもので、第四期と位置づけられる。
　首里グスクは、沖縄戦で破壊され、石積を残すだけとなったが、先ず昭和33年に守礼門が復原され、長く首里グスクの象徴とされていた。しかし、近年朱で色どられた眩いばかりの正殿を初め、勧会門・瑞泉門などの諸門が石垣とともに復原され往時の華やかさをとりもどした。

（沖縄風景）首里舊城（2）OJD CASTLE, SHURI OKINAHA.　　●明治後期頃
正殿正面（西面）をみる。右が南殿、左が北殿。手前には建物のものと思われる木材や瓦が散乱している。

沖縄風景　首里舊城跡　　　　　　　　　　　　　　　　　●大正後期〜昭和初期

東側から見た首里城。奥が正殿、手前は白銀門。正殿の屋根はかなり変形している。長い期間、修理もしていないことが分かる。

琉球風景　龍潭ヨリ首里城ヲ望ム　　　　　　　　　　　　　　●明治後期頃

北側に位置する龍潭池より首里城を望む。中央あたりが北殿、その左奥が正殿、右が奉神門。

沖縄風景　首里城正門　　　　　　　　　　　　　　●大正後期〜昭和初期
西北側に位置し首里城正門にあたる歓会門。現在、復元された建物が建っている。

沖縄風景　首里　守禮門　　　　　　　　　　　　●大正後期〜昭和初期
首里城の入口にあたる守礼門。この門も復元されている。後方に歓会門が見える。

沖縄風景　首里　中山門　A GATE AT SHURI, OKINAWA.　　　　　　　　●明治後期
城の西方、守礼門より西側の城の表門にあたる中山門。明治41年に取り壊され、現在は何も残っていない。

沖縄風景　首里舊城ヨリ辨ヶ岳ヲ望ム　　　　　　　　●大正後期〜昭和初期
首里舊城より辨ケ岳方面を望む。石垣は首里城外郭の石垣か。

●参考文献

・『歴史街道スペシャル　名城を歩く　1〜24』ＰＨＰ研究所、2002〜2004年
・『歴史群像シリーズ　よみがえる日本の城1〜22』学習研究社、2004〜2006年
・『探訪ブックス〔城〕　全10巻』小学館、1989年

・西ヶ谷恭弘編『日本城郭古写真集成』小学館、1983年
・西ヶ谷恭弘編著『城郭古写真資料集成　東国編／西国編』理工学社、1995年
・西ヶ谷恭弘編『国別城郭・陣屋・要害・台場事典』東京堂出版、2002年
・益田啓一郎編『ふくおか絵葉書浪漫』海鳥社、2004年
・森山英一編著『日本の名城《古写真大図鑑》』講談社、1998年
・福岡市教育委員会編『福岡城の櫓』1994年

●城郭解説執筆・協力
　西ヶ谷恭弘
　小高巳季彦
　松本諒士
　高野雅浩
　日本城郭史学会

●あとがき

　私が お城に興味を持つようになったのは小学校5年生のときである。当時、家の手伝いで風呂の薪を焚いていたときであった。そのとき使用したマッチのラベルに島原城の写真が載っており それを見た瞬間、強烈な感動を受けたことを今でも覚えている。その後、当時の僅かな小遣いを遊びに使わずに貯めて お城の本を買い始めた。しかし数千円以上もする城郭写真集等は、当時の私の小遣いでは高値の華であり、ほしくても手を出せるものではなかった。

　社会人になり、給料を稼ぐようになってからは高価な書籍も購入できるようになり、現在まで書棚の中には 400冊以上の本と千数百枚の古絵葉書、そして城下町の鳥瞰図や古写真等がぎっしりつまっている。中学時代より古写真に興味を持ち始め、本格的に蒐集を始めたのは20代前半だったと記憶している。休日には図書館に出かけ、見つけた書籍の中から城の古写真をコピーしてアルバムに貼って蒐集を楽しんでいた。古い絵葉書を購入し始めたのは冒頭でも説明した通り、昭和52年の福岡城の絵葉書がきっかけである。しかし古絵葉書では特別珍しい城郭の写真はめったになく、時々 福岡の古書店で見つけたものを購入する程度であった。本格的に城の古絵葉書を蒐集するようになったのは、今から14年位前のことである。いつものように福岡市内の古書店巡りをしていて箱崎にある1件の古書店に入った。そこでその店のご主人と話をしていると、そのご主人は強烈な古絵葉書コレクターであることがわかった。私がお城の古絵葉書を探しているというと、ご主人が蒐集している膨大なコレクションアルバムの中より1枚の絵葉書を拝見させていただいた。その写真が福岡城松ノ木坂御門向（屏風）櫓の絵葉書であった。絵葉書にもまだこんな珍しい写真があったのかと思い、これをきっかけに真剣に蒐集するようになった。各地の古書店巡り、福岡市内で開催されるオークションや絵葉書研究会にも積極的に参加するようになった。そしてこの度、蒐集した絵葉書も千数百枚を超え、珍しいものも結構集まったため出版を決意し、私が所属している日本城郭史学会の西ヶ谷代表に相談したところ、熱心に対応していただき また監修も引き受けていただき めでたく出版のはこびとなった。30年以上にわたり蒐集してきた古絵葉書を個人でだいじに保存しておくだけでは、その個人の自己満足だけで 世の城郭愛好家や研究者の方々へ公開しなければ もったいないと思っている。今回の出版でこれらの方々や、一般のファンの方々にも喜んでいただければ幸いである。

《監修者略歴》
西ヶ谷　恭弘（にしがや・やすひろ）
　歴史考古学者。横浜市出身。
　月刊『歴史手帖』編集長、立正大学講師、東京都荒川区史編さん委員、土浦城発掘調査団長などを経て、現在、日本城郭史学会代表・日本城郭資料館長・戦国史研究会委員・朝日カルチャーセンター講師など。
　著書に『城郭事典』『築城の歴史』（小学館）、『戦国の城』全4巻（学研）、『復原戦国の風景』（PHP）、『守護大名・戦国大名事典』『戦国大名城郭事典』『考証　織田信長事典』『城郭みどころ事典』全2冊『江戸城　その全容と歴史』（東京堂出版）、など150点。

《編者略歴》
後藤　仁公（ごとう・とよきみ、本名：後藤 知之）
　大分県竹田市出身。
　城郭古写真・古絵葉書のほか、大正から昭和戦前に発行された城下町の鳥瞰図（印刷物、作者：吉田初三郎、前田虹映、他）や、城郭が描かれた明治期の絵図等も蒐集している。
　建設会社に勤務し、熊本城宇土櫓（国指定重要文化財）の保存修理や本丸御殿の復元整備工事に従事。
　日本城郭史学会熊本支部長、日本絵葉書研究会会員、NPO福岡城市民の会会員
　一級建築士、建築積算士

古絵葉書でみる日本の城

2009年9月30日　初版印刷
2009年10月10日　初版発行

監修者　西ヶ谷　恭弘
編　者　後藤　仁公
発行者　松林　孝至
印　刷　東京リスマチック株式会社
製　本　渡辺製本株式会社

発行所　株式会社　東京堂出版
　　　　〒101-0051　東京都千代田区神田神保町1-17
　　　　電話　03-3233-3741　振替　00130-7-270

ISBN978-4-490-20673-9 C1621
© Yasuhiro Nishigaya,Toyokimi Goto 2009, Printed in Japan

◎東京堂出版の本

江戸城—その全容と歴史—

西ヶ谷恭弘　著
菊判　256頁　本体 2,500円

城郭の見方・調べ方ハンドブック

西ヶ谷恭弘　監修
菊判　232頁　本体 2,400円

国別 城郭・陣屋・要害・台場事典

西ヶ谷恭弘　著
菊判　670頁　本体 6,800円

城郭みどころ事典 東国編/西国編

西ヶ谷恭弘・多樂正芳・光武敏郎編
菊判　各256頁　本体 各2,200円

日本城郭辞典（新装版）

鳥羽正雄　著
Ａ５判　372頁　本体 2,900円

国別 藩と城下町の辞典

二木謙一監修
菊判　664頁　本体 6,600円

江戸時代 全大名家事典

工藤寛正編
菊判　1216頁　本体 12,000円

徳川・松平一族の事典

工藤寛正編
菊判　724頁　本体 9,500円

◎価格は本体＋消費税となります。